Olga Dammer

Die Erben Gottes

Eine Einladung in die Offenbarungsräume des Himmels

SCHLEIFE VERLAG

1. Auflage 2024

CH-8400 Winterthur, Switzerland
Tel. +41 (0)52 2322424
E-Mail: verlag@schleife.ch
www. schleifeverlag.ch

ISBN: 978-3-905991-97-0
Bestellnummer: 120.201

Umschlaggestaltung: Joe Kurowski
Lektorat: Katharina Bänziger, Judith Petri
Satz: Nils Großbach
Druck: Booksfactory, Berlin

Inhaltsverzeichnis

Stimmen zum Buch

Die Aussage «Wir leben in einer apostolischen Zeit» bedeutet für verschiedene Menschen sicher sehr Unterschiedliches. Für mich bezieht es sich darauf, was Petrus in Apostelgeschichte 3,21 sagt: *«(Jesus), welchen der Himmel aufnehmen muss bis zu den Zeiten der Wiederherstellung aller Dinge, von welchen Gott durch den Mund seiner heiligen Propheten von jeher geredet hat.»*

Diese Wiederherstellung umfasst die ganze Schöpfung. Und Gottes Methode, das zu tun, besteht darin, Menschen zu finden, die bereit sind, das Wesen Jesu in sich aufzunehmen und in seinem Sinne als «Gesandte» zu handeln.

Ein wichtiger Teil davon ist die Wiederherstellung des fünffältigen Dienstes, der in Epheser 4,11ff. erwähnt wird. Jedes Mal, wenn Jesus einen Teil dieser Dienste restauriert hat, dann hat er sich auch selbst von einer anderen Seite seines Wesens offenbart. Wir haben Jesus als den guten Hirten kennengelernt, aber auch als den Propheten und den Apostel. Als Apostel und Hohepriester unseres Glaubens inspiziert er heute die Fundamente unseres Glaubens und die Strukturen und Werke, die wir als Christen gebaut haben. Alle dauerhaften Bauten werden auf guten Fundamenten gebaut, deshalb müssen diese den göttlichen Anforderungen entsprechen.

«Denn einen anderen Grund kann niemand legen, ausser dem, der gelegt ist, welcher ist Jesus Christus. Wenn aber jemand auf diesen Grund baut Gold, Silber, köstliche Steine, Holz, Heu, Stroh, so wird das Werk eines jeden offenbar werden, denn der Tag wird es klarmachen, weil er in Feuer geoffenbart wird; und welcherlei das Werk eines jeden ist, wird das Feuer bewähren» (1. Korinther 3,11–13).

Paulus beschreibt es als den Test des Feuers. Alles, was nicht in Wahrheit auf Jesus, mit ihm und durch ihn gebaut ist, wird einfach in Bedeutungslosigkeit verbrannt. Dies könnte uns entmutigen. Doch es ermutigt uns, weil es bedeutet, dass es möglich ist, heute noch seine Werke zu wirken und nach seinem Bauplan zu bauen. Das ist aber nur möglich, wenn wir *«nicht mehr Unmündige seien, hin- und hergeworfen und umhergetrieben von jedem Wind der Lehre; … sondern die Wahrheit festhaltend in Liebe, lasst uns in allem heranwachsen zu ihm hin, der das Haupt ist, der Christus»* (Epheser 4,14–15).

Diese Reifestufe des Erwachsenen wird ermöglicht durch eine eigenständige und tragfähige Beziehung zu unserem Herrn. Sehr vieles erleben «moderne» Christen heute sehr indirekt durch andere Menschen: Das Fürbitteteam betet für uns, das Lobpreisteam bringt uns in die Gegenwart Gottes, das prophetische Team bringt uns ein aktuelles Wort und die Predigt sagt uns, was Gott von uns möchte. All das hat seinen Platz, aber diese indirekten Unterstützungen vermögen uns nicht zu reifen Jesus-Nachfolgern zu machen. Das persönliche Fundament einer intimen Beziehung mit unserem Schöpfer ist durch nichts zu ersetzen. Das gilt nicht nur für unser natürliches Leben, sondern auch für die Ewigkeit.

«Das aber ist das ewige Leben, das wir den einzig wahren Gott und den du gesandt hast, Jesus Christus erkennen» (Johannes 17,3).

Der Heilige Geist möchte uns eine Offenbarung von Jesus geben. Er möchte uns jeden Tag als Teil eines apostolischen Volkes in unserem Alltag trainieren, das Wesen Jesu in uns hervorzubringen. Dieses Fundament oder diese fundamentalen Beziehungen zu Vater, Sohn und dem Heiligen Geist sind der einzige Weg zur vollen Mannesreife, zum Vollmass des Wuchses in Jesus Christus (Epheser 4,13). Ergänzend dazu kann der Herr auch andere Menschen gebrauchen, uns Anstösse oder auch Korrektur zu geben, aber das kann nicht das einzig wahre Fundament ersetzen – und das ist Jesus Christus selbst.

Genau an diesem Punkt setzt das Buch von Olga Dammer an. Es will uns in Geheimnisse Gottes einweihen, neue oder vielleicht auch alte Wege der Offenbarung öffnen, die zu ihm führen. Es handelt sich nicht um ein Lehrbuch, obwohl es auf solider Lehre gegründet ist. Auch sind darin nicht komplizierte Wahrheiten zu finden, sondern geistliche Bausteine, Tore des Verständnisses und geoffenbarte Substanz der Erkenntnis Gottes.

Wenn du die nächsten Seiten liest, dann kann dein Verstand dir nicht wirklich weiterhelfen, da er geistliche Dinge nicht verstehen kann. Nur dein Herz oder auch dein geistlicher Mensch vermag Offenbarung zu empfangen. Das griechische Wort «Apokalypse» beschreibt den Vorgang einer Enthüllung. Etwas, das hinter einem Schleier des Nicht-Sehens lag, wird sichtbar, indem der Schleier weggenommen wird. Das können wir aber nur mit und durch den Heiligen Geist erleben.

So können wir beten, dass der Geist der Weisheit und Offenbarung kommt, um uns Erkenntnis Gottes zu schenken, indem er unsere Augen öffnet, damit wir Jesus und seine Pläne mit dieser Erde neu erkennen können.

Seit mehr als 25 Jahren verbindet mich eine Freundschaft mit Olga, ihrem Team und dem Jeremia-Werk. Als ein Apostel Jesu Christi hat Olga Tausenden von Menschen über die Jahre immer wieder diesen Jesus vor Augen gemalt, seine Wege erklärt und mögliche Hindernisse benannt. Aber auch das allein nützt wenig, wenn wir nicht selbst den Weg gehen, jeden Tag im Glauben und in Zuversicht auf ihn, der versprochen hat, mit uns zu sein.

Bist du bereit für ein neues Abenteuer mit ihm – dann kannst du das vor dir liegende Buch als Tor benutzen, in neue Tiefen der Gottes-Erkenntnis vorzudringen und so in deine Sendung zur Erlösung dieser Welt zu gelangen.

Michael Schiffmann, Gründer von «Touch the Nations e.V.»

Mit ihrem Erstlingswerk zeigt uns Olga Dammer eine Reich-Gottes-Perspektive, die geprägt ist von einer apostolisch-prophetischen Salbung und Einsicht in das Herz des dreieinigen Gottes für jeden Einzelnen, für die Brautgemeinde und für die Völker. Durch ihre Freundschaft mit dem Vater im Himmel ist es Olga gelungen, ihren inneren Weg der Offenbarung seiner Herrlichkeit in Worte zu fassen und den Heilsplan Gottes mit ihrer eigenen Geschichte zu verbinden. Sie zeigt auf, was es bedeutet, «mit auferweckt und mit eingesetzt zu sein im Himmel in Christus Jesus» (Epheser 2,6), um dort grosse, unfassbare Dinge zu hören, zu sehen und sie im täglichen Leben umzusetzen.

Mit dem Mandat, davon zu sprechen und zu schreiben, was sie gesehen und gehört hat, wurde Olga mit dem Satz ermutigt: «Sei ganz geliebte Braut, ganz Geist und ganz Schöpfung!» Dieses Credo hat mich sehr bewegt, weil ich glaube, dass der Herr nach dieser Ganz-Hingabe Ausschau hält, damit er in uns und durch uns seine ganze Kraft und sein ganzes Auferstehungsleben entfalten kann. Ihre Identität stiftenden Einsichten und Weisungen vermitteln dem Lesenden auch eine Schau von göttlichen Ordnungen, die eine Voraussetzung dafür sind, dass die Brautgemeinde Jesu in Partnerschaft mit dem dreieinigen Gott zur «Wiederherstellung aller Dinge» beiträgt.

Im Hohelied 8,10 spricht die Braut: *«Ich bin eine Mauer, und meine Brüste sind wie Türme, da ward ich in seinen Augen wie eine, die Frieden gefunden hat.»* Olga ist zu dieser bräutlichen Frau geworden, die nicht mehr das Ihre sucht. Sie ist eine Mutter im Glauben, die in ihrem Alter wie eine reife, köstliche Frucht am Baum des Lebens hängt und von dem gewaltigen Gott zeugt, der auch uns ermutigt, ihm ganz zu vertrauen und unseren Platz in seinem Reich entschlossen einzunehmen.

In der Freundschaft mit Olga ist mir ein Schatz an Liebe, Weisheit und Weite begegnet, der sich auch in den vorliegenden Kapiteln finden lässt. So ist mein Gebet, dass Sie beim Lesen vom Geist der Offenbarung berührt und inspiriert werden, Ihre eigene Liebesgeschichte mit Gott zu vertiefen.

Lilo Keller, Schleife Winterthur

Vorwort

Dieses Buch orientiert sich an der Wirklichkeit des dreieinigen Gottes: Vater, Sohn und Heiligem Geist. Er ist das Zentrum des Himmels und der ganzen Schöpfung. Unser Leben bringt nur dann bleibende Frucht, wenn wir in einer lebendigen Kommunikation mit den dort verborgenen Gedanken und Wegen göttlichen Wissens leben, denken und handeln.

Es ist die Aufgabe von Aposteln, auf der Erde die Fundamente für das unerschütterliche, ewige Reich Gottes zu legen. Diese göttlichen Realitäten berühren in der Tiefe den Kern unseres Glaubens. Sie stehen für einen apostolischen Lebensstil, den wir wieder neu mit Leben füllen müssen. Diese Wahrheit steht für die Herrlichkeit der Söhne und Töchter Gottes, die Erstlinge der neuen Schöpfung.

Es ist ungeheuer wichtig, dass wir uns wieder auf die Grundlagen der Apostel besinnen und diese in unserer Zeit wiederherstellen. Das Zentrum, also das Herzstück, ist Unmittelbarkeit und Direktheit zum Zentrum des Himmels, zu Gott Vater, Sohn und Heiligem Geist. Dabei orientieren wir uns an Jesus Christus, dem Apostel. Es braucht diese Gesinnung von Jesus Christus, dem Erstgeborenen der neuen Schöpfung, die sagt: «Ich habe nichts, es sei denn, es wird mir von oben gegeben.» Unser natürliches, menschliches Wissen und unser Erkennen sind begrenzt. Die Weisheit Gottes empfangen wir nur durch Offenbarung des Heiligen Geistes.

Wir können unser Leben und unsere Sendung in apostolischer Kraft und Abhängigkeit von Gott leben. Es ist unser Erbe. So öffnen wir in der Schöpfung einen Weg, der im Heute die Zukunft Gottes ins Sichtbare bringt.

Olga Dammer

Einleitung

Unsere Generation steht vor einem Wendepunkt. Es gibt so viele brennende Fragen und eine echte, tiefe Sehnsucht nach Veränderung. Wird es für kommende Generationen noch eine Zukunft geben? Sind die Ressourcen dieser Erde verbraucht? Ist die Erde bereits so zerstört, dass es keine begründete Hoffnung mehr geben kann? Viele sind von diesen Fragen so ergriffen, dass sie gemeinsam aufgestanden sind, um alles Menschenmögliche zu tun, kreative Wege zu finden und Pläne zu schmieden, damit die Erde vor dem Untergang bewahrt wird. Mehr denn je verstehen wir also, dass wir Verwalter dieser Erde und Schöpfung sind, und es ist sehr gut, dass wir aufgewacht und bereit sind, unsere Verantwortung zu übernehmen. Es wird darum gerungen, Demokratien zu bewahren, die unsere Freiheit garantieren sollen. Weltweit gibt es politische Versuche, den Untergang durch eine alles vernichtende atomare Kraft zu verhindern. Es werden Lösungen in wirtschaftlichen, militärischen und religiösen Mitteln gesucht.

Wir ehren allen Einsatz des Menschenmöglichen. Als solche, die sich in die Partnerschaft mit Gott berufen wissen, sind wir jedoch gefragt, in der Zusammenarbeit mit Gott aufzustehen. Jesus hat uns vorgelebt, wie das möglich ist. Durch ihn sind wir, wie er, Söhne des allmächtigen und barmherzigen Vaters aller Vaterschaft geworden. Das Geheimnis, der Weg zum ewigen Leben, ist durch ihn mitten in dieser Welt sichtbar geworden.

Also fragen wir als mündige Partner des lebendigen Gottes nach göttlichen Lösungswegen für diese Zeit: Gibt es einen Plan Gottes? Kennen wir ihn, um die uns anvertraute Erde und Schöpfung zu bewahren? Gibt es eine begründete Hoffnung, dass die Welt nicht dem Untergang entgegengeht?

Die Antwort ist: Ja! Wir haben eine Hoffnung, und es gibt einen Weg, der Zukunft verspricht und ermöglicht. Es ist in der Tat möglich, so zu leben und zu handeln wie Jesus. Die erkennbare Frucht seines Handelns war Leben, unzerstörbares Leben.[1] Ich möchte mit dir einen Weg gehen, den ich in der Gemeinschaft mit anderen Christen entdeckt habe. Im Austausch, im Gebet, in der Stille vor ihm, in der Schrift und im Hören auf ihn habe ich im Miteinander um diese Lösungswege gerungen. Was ich dabei entdeckt habe, ist, dass der Vater unsere Generation dazu erwählt hat, mit Jesus und dem Heiligen Geist zusammen seinen Rettungsplan auf der Erde zu verwirklichen. Wenn du wie auch wir zu dieser Erwählung Ja sagen und mit deinem Leben Antwort geben möchtest, werden wir gemeinsam diesen Weg beschreiten. Wir werden sehen, wie die Lebensfülle und Herrlichkeit Gottes durch uns Gestalt gewinnt und Ewiges in diese Welt hereinbricht.

Auf der Reise dorthin werden wir, das Volk, das Gott sich zum Eigentum erwählt hat, mit einer anderen Dimension konfrontiert. Es ist vor allem ein Kampf in der realen, aber unsichtbaren Welt. Hier geht es nicht

---

1 Johannes 17,3 (BB): *«Darin aber besteht das ewige Leben: dich zu erkennen, den einzig wahren Gott, und den, den du gesandt hast, Jesus Christus.»*

um irdische Sieger oder Verlierer, sondern um Fürstentümer und Mächte in der Himmelswelt.[2] Nicht Machthaber und Politik stehen im Zentrum, sondern die Kräfte, die sich dahinter verbergen.

Ich möchte euch einige Eindrücke weitergeben, die ich von Gott diesbezüglich empfangen habe. Ich habe gesehen, wie Jesus für unsere Generation aufgestanden ist; er hat sich als Löwe von Juda erhoben. Mit den Worten aus Offenbarung 5,5 sprach er: *«Weine nicht! Sieh doch, einer hat gesiegt! Es ist der Löwe aus dem Stamm Juda, der Spross aus dem Wurzelstock Davids»* (NeÜ).

Jesus sagt: «Diese Generation habe ich mit meinem Blut für mich erkauft. Ich habe sie auf Golgatha frei gekämpft für meinen und ihren Vater. Ich öffne ihnen die Augen für meine Wahrheit, durch die sie unterscheiden können, was meine Pläne sind und wie der Feind arbeitet.»

Gleichzeitig will Satan Vaterschaft übernehmen und arbeitet dabei mit Lügen.[3] Die Lügen, die er ausstreut, sind Angst, Verzweiflung, Wut, Hoffnungslosigkeit und der Glaube, dass es keine Zukunft mehr gibt und wir eine verlorene Generation sind. Er arbeitet mit Verführung und der Faszination für das Irdische, das menschlich Machbare; er arbeitet mit Selbsterlösung. So wird das Sichtbare zum Götzen und dadurch rückt

---

2 Epheser 6,12 (BB): *«Denn unser Kampf richtet sich nicht gegen Menschen aus Fleisch und Blut. Er richtet sich gegen die Mächte und Gewalten, die Weltenherrscher, die diese Finsternis regieren. Ja, er richtet sich gegen die bösen Geister, die im Reich der Lüfte herrschen.»*

3 Johannes 8,44 (BB): *«Vom Teufel stammt ihr ab, der ist euer Vater. Und was er verlangt, das tut ihr. Er war von Anfang an ein Mörder, und mit der Wahrheit hat er nichts zu tun. Denn bei ihm gibt es keine Wahrheit. Wenn er lügt, so entspricht das genau seinem Wesen. Denn er ist ein Lügner, und alle Lüge stammt von ihm.»*

das Geschaffene ins Zentrum unserer Anbetung, nicht der Schöpfer.[4] Das Vertrauen wird auf die eigene Kraft und auf die menschlichen Möglichkeiten gesetzt. So kommt Gottesfinsternis auf die Menschen, sie werden blind und taub für die Wege und Ratschlüsse Gottes. Sie binden sich an sich selbst und an das Weltsystem, ihr Sinn wird verblendet.[5] Dort, wo Satan uns blenden kann, wird das Ende «Tod und Chaos» sein.

Doch dort, wo uns die Wahrheit des lebendigen Gottes die Augen öffnet und im Herzen trifft, kommt durch ihn in uns ewiges Leben in alle Bereiche der Schöpfung. Diese Offenbarungswirklichkeit, die Jesus Christus der Welt geöffnet hat, liegt im Bündnis mit Gott und in der Gemeinschaft mit ihm. Dort werden wir alles für die Wiederherstellung der Schöpfung empfangen. Wir werden schöpfen aus der Fülle der unbegrenzten Möglichkeiten Gottes.[6] Es ist seine Welt und wir sind seine Bündnispartner. Er hat uns und die Schöpfung aus seinem ewigen Sein und Ratschluss für eine Ewigkeit geschaffen. Nicht um der Welt zu entfliehen, sondern um mitten in dieser Welt seinen ewigen Willen in die Tat umzusetzen. Durch uns soll, kann und wird sichtbar werden, dass dies Wahrheit ist: Diese Welt gehört Gott, und sein Sohn Jesus Chris-

---

4 Römer 1,25: «*Denn sie vertauschten die Wahrheit, die Gott sie hatte erkennen lassen, mit der Lüge; sie verehrten das Geschaffene und dienten ihm statt dem Schöpfer, der doch für immer und ewig zu preisen ist. Amen.*»

5 2. Korinther 4,4: «*…, weil sie der Wahrheit keinen Glauben schenken. Der Gott dieser Welt hat sie mit Blindheit geschlagen, sodass ihr Verständnis verfinstert ist und sie den strahlenden Glanz des Evangeliums nicht sehen, den Glanz der Botschaft von der Herrlichkeit dessen, der Gottes Ebenbild ist – Christus.*»

6 Johannes 1,16: «*Wir alle haben aus der Fülle seines Reichtums Gnade und immer neu Gnade empfangen.*»

tus hat die Weltherrschaft. Der Heilige Geist ist ausgegossen, um uns die Lösungsansätze Gottes zu offenbaren und uns die Wege zum Leben zu zeigen.[7]

Gottes Pläne erkennen

Der Vater der Herrlichkeit hat also einen vollkommenen Plan für diese Welt. Voller Freude und Zuversicht wartet er darauf, uns seine Gedanken und Wege mitzuteilen. Denn es ist seine Sehnsucht, seinen ewigen Heilsplan durch uns, seine Braut, durchführen und Realität werden zu lassen. Wir stehen in einem Zeitalter, das auf die Vollendung der Vorhaben Gottes zugeht. Mit der Frage, wie Gott dies durch seine Gemeinde tun kann, beschäftigt sich dieses Buch. An welcher Stelle sucht uns der Vater? Wie können wir Teil der Umsetzung und Vollendung der Ratschlüsse Gottes werden?

Die Antworten auf diese Fragen möchte der Vater mit uns unbedingt teilen. Doch sie sind uns nur im und durch seinen Geist zugänglich. Denn es ist nicht menschliche Weisheit oder Erkenntnis, die uns den Weg weisen wird.[8] Gottes Offenbarungen für diese Zeit können wir daher auch zunächst nicht mit unserem menschlichen Verstand empfan-

---

7 Johannes 16,13: *«Doch wenn der Helfer kommt, der Geist der Wahrheit, wird er euch zum vollen Verständnis der Wahrheit führen. Denn was er sagen wird, wird er nicht aus sich selbst heraus sagen; er wird das sagen, was er hört. Und er wird euch die zukünftigen Dinge verkünden.»*

8 1. Korinther 3,19–20 (ELB): *«Denn die Weisheit dieser Welt ist Torheit bei Gott; denn es steht geschrieben: ‹Der die Weisen fängt in ihrer List.› Und wieder: ‹Der Herr kennt die Überlegungen der Weisen, dass sie nichtig sind.›»*

gen. Der Herr möchte mit dir von Geist zu Geist,[9] von Herz zu Herz, von Angesicht zu Angesicht sprechen. Er will dich mit seinem Herzschlag ergreifen und ausrüsten. Er liebt es, sich selbst auszuteilen, und es ist unsere Ehre, diese Geheimnisse Gottes zu erforschen und zu ergründen.[10]

Nimm dir Zeit für die verschiedenen Abschnitte dieses Buches. Lass dich von Gottes Geist berühren und führen. Ganz bewusst verweisen wir im Text auf die entsprechenden Bibelstellen. Tauche in sein Wort und sein Reden für diese Zeit ein. Bist du bereit, zu hören, was der Geist Gottes dir sagen möchte? Bist du bereit, die Antwort auf Gottes Suche nach mündigen Bündnispartnern zu werden und mit ihm an die Orte von Offenbarung und Erkenntnis zu gehen?

AKTIVIERUNG

Du bist mit Jesus befähigt, aus der Quelle der Weisheit zu schöpfen. Werde still, lass alle eigenen Gedanken los und warte in der völligen Abhängigkeit von Gott auf sein Reden und sein Wort. Sein Geist wird deinem Geist Offenbarung geben.

---

9 1. Korinther 2,12 (ELB): «*Wir aber haben nicht den Geist der Welt empfangen, sondern den Geist, der aus Gott ist, damit wir die Dinge kennen, die uns von Gott geschenkt sind.*»

10 Sprüche 25,2 (ELB): «*Gottes Ehre ist es, eine Sache zu verbergen, die Ehre der Könige aber, eine Sache zu erforschen.*»

Gottes Einladung an uns

Um zu dieser Antwort zu werden, möchte uns der Geist Gottes als seine Geliebten mit hineinnehmen in den beständigen Austausch von Liebe, Weisung und Kraft aus Vater, Sohn und Heiligem Geist. Unser Gott ist ein Gott der Partnerschaft. Losgelöst von dieser Gemeinschaft empfangen wir keine Offenbarung. Wir finden keine Weisung ausserhalb seines Wesens. Gott ist in seiner Dreieinigkeit durch und durch gemeinschaftlich. Er möchte uns sich selbst offenbaren und mit seiner Energie ausrüsten, damit wir von Herrlichkeit zu Herrlichkeit ihm gleichgestaltet werden. Denn die letzte Generation dieser Zeit wird eine Braut sein, zu der Jesus sagen kann: «Du bist meine Geliebte!» Sie wird ihm gleichgestaltet sein und er wird sich selbst in ihr erkennen. Eine Braut, die wie Jesus die Ewigkeit in sich trägt, um sie ins Sichtbare zu bringen. Wirst du ein Teil dieser Braut sein? Wirst du dich aus lauter Liebe an und in das Herz des siegreich Auferstandenen ziehen lassen und dort verweilen? Als Geliebte Gottes können wir sehen, was kein Auge gesehen hat. Was für ein Vorrecht, was für eine Freude!

Als seine Geliebte habe ich den Vater also mit diesen dringlichen Fragen bestürmt: «Herr, wo suchst du uns? Was sind die Elemente, die wir brauchen, damit wir deine Pläne umsetzen können? Wie geht der Weg dahin, dass wir dir ebenbürtig werden?»

Das erste Fundament ist bereits gelegt: unsere gelebte Lebens- und Liebesgemeinschaft mit Jesus, unserem Bräutigam. Nur aus Beziehung können wir empfangen.

Bevor ich teile, was der Herr mir geantwortet hat, möchte ich dich im Geist weiter mitnehmen an den Ort, an dem er mir diese Geheimnisse offenbart hat. Es ist ein Ort, zu dem du genauso Zugang hast wie ich.[11]

AKTIVIERUNG

Bitte den Heiligen Geist, dir ein inneres Zeugnis und einen eigenen Zugang zu dieser Offenbarungswirklichkeit zu geben, bevor du weiterliest. Sieh die nächsten Zeilen als eine offene Tür, durch die dein Geist gehen kann, um Gott selbst tiefer zu begegnen.

Im Raum der Offenbarung

Der Geist, der ausgeht von der Dreieinigkeit und dem Herzen Jesu, nahm mich also in und unter den ewigen Thron des allmächtigen Gottes. Dort, in seinen Säulen, wo Gerechtigkeit und Recht ihren Ursprung haben,[12] war der ewige Ratschluss Gottes zu finden. Erkennen konnte ich ihn durch das vollkommene Licht, das alles umgab, das Licht des ewigen Feu-

---

11 Hebräer 4,14.16 (LUT17): *«Weil wir denn einen grossen Hohenpriester haben, Jesus, den Sohn Gottes, der die Himmel durchschritten hat, so lasst uns festhalten an dem Bekenntnis. (…) Darum lasst uns freimütig hinzutreten zu dem Thron der Gnade, auf dass wir Barmherzigkeit empfangen und Gnade finden und so Hilfe erfahren zur rechten Zeit.»*

12 Psalm 89,15 (SLT): *«Recht und Gerechtigkeit sind die Grundfeste deines Thrones, Gnade und Wahrheit gehen vor deinem Angesicht her.»* / Psalm 97,2 (SLT): *«Gerechtigkeit und Recht sind die Grundfeste seines Thrones.»*

ers des Vaters. In diesem Brennen war die Fülle des Heiligen Geistes zu finden, des siebenfachen Geistes Gottes.[13] Mit Jesus Christus im Vater,[14] eins mit dem Vater und in seinem Geist,[15] nahm er mich an den Ort tiefster Erleuchtung. In seinem vollkommenen Licht konnte sich die Ewigkeit transparent machen, um Offenbarung für das irdische Geschehen freizusetzen. Dort sprach er mit mir über Verborgenes, das Hervorkommen der herrlichen Braut, das himmlische Jerusalem, die neue Stadt auf der Erde und die Vollendung der ganzen Schöpfung. In diesem Offenbarungsraum sprach der Vater mir ausserdem Identität zu: «Sei ganz geliebte Braut, sei ganz Geist, sei ganz Schöpfung.» Als Offenbarungsträger müssen wir also ganz zu unserer Menschlichkeit stehen, vollkommen im Geist wandeln und in der Einheit mit unserem Bräutigam vorwärtsgehen. Das ist unsere Identität, es gibt keine andere Ausgangsposition. In diesem Gefäss kann Gottes Herrlichkeit, Demut, Allmacht und Kraft leben. Ich fragte den Herrn: «Was heisst das, gleichzeitig ganz Braut, Schöpfung und Geist zu sein?»

---

13 Offenbarung 4,5 (ELB): *«Und aus dem Thron gehen hervor Blitze und Stimmen und Donner; und sieben Feuerfackeln brennen vor dem Thron, welche die sieben Geister Gottes sind.»*

14 Kolosser 3,3 (ELB): *«Denn ihr seid gestorben, und euer Leben ist verborgen mit dem Christus in Gott.»*

15 Johannes 4,24 (ELB): *«Gott ist Geist, und die ihn anbeten, müssen in Geist und Wahrheit anbeten.»*

Das Hervorkommen der Herrlichkeit der Braut

Die Herrlichkeit der Braut wird in der Einheit mit dem Sohn offenbart, der wie wir auf dieser Erde lebte. Wir sind dazu berufen, so wie er zu werden. Er war so wie wir Mensch, und die ganze Fülle des Vaters konnte in seinem irdischen Leib Wohnung nehmen. Gleichermassen ist das Ziel für die Braut klar gesteckt: so zu werden wie Jesus, die Gedanken Gottes auf dieser Erde in Klarheit zu erkennen und sie im Gehorsam in ihrem Leben sichtbar werden zu lassen. Er war der Erstling der neuen Schöpfung, und jetzt kommt die grosse Schar der Erstlinge, die ihm folgt, wohin er auch geht. Auf dem Berg Gottes steht das Lamm und diejenigen, die Gott als Erstlinge erwählt hat. Es sind alle die, welche dem Lamm folgen in tiefer Wesenseinheit und für Gott durch das Lamm von der Erde erkauft sind.

Ich fragte weiter: «Wie sieht das aus, wenn die Braut in Wesenseinheit mit Christus lebt?» Im Raum der Offenbarung konnte ich verschiedene Bereiche erkennen, in die Gott uns als seine Braut führen möchte.

Die Einheit mit dem Vater

Das Wesen des Vaters

Es bedeutet auch, eins zu werden mit dem Vater. Das Wesen des Vaters ist Feuer, Wärme, Licht und Leben. Es brennt beständig in ihm, verbraucht sich nicht, in ihm ist die ewige Substanz, aus der alles Geschaffene geworden ist. Diese Substanz ist die vollkommene Geistesfülle. Alles im Vater ist Geist, und diese «Geist-Substanz» ist Herrlichkeit. Die ganze Erde ist damit erfüllt, weil alles aus ihm geworden ist.

Wenn wir also beten: «Erfülle die Erde mit der Herrlichkeit des Herrn!», bedeutet es, sie ist schon da. Es geht nur darum, dass genau diese offenbar wird und ins Sichtbare kommt. Das geschieht durch die Braut, die in Wesenseinheit mit Christus lebt.

Der Sohn ist eines Wesens mit dem Vater. Das Wesen Gottes ist dasselbe von Ewigkeit zu Ewigkeit. Er ist der «Ich bin, der ich bin» und der «Ich werde sein, der ich sein werde». Sein Wesen ändert sich nicht. Selbst im Gericht oder Zorn über Sünde ändert sich nichts an seinem Wesen. Sein Verlangen ist immer, Menschen in die Ursprungsbestimmung des Vaters zu führen. Die Herrlichkeit des Vaters ist Liebe. Gott ist nie verändernde Liebe voller Feuer, Wärme, Licht und Leben. Diese Liebe sucht ein lebendiges Gegenüber. Diese Liebe sucht dich. Liebe, die wie Feuer brennt, brennt nie für sich selbst. Sie möchte Gemeinschaft, denn sie möchte gemeinsam brennen – als eine Flamme. Dieses Feuer ist Liebe, und in dieser Liebe ist das ewige Leben.

AKTIVIERUNG

Bitte den Heiligen Geist, dass er das verzehrende Feuer der Liebe des Vaters in dir entfacht und verstärkt.

Sohn werden

Die Herrlichkeit des Sohnes ist aus dem ewigen Sein in der Liebe des Vaters gezeugt. Wenn also das Ewige im Geschöpf und in der Schöpfung offenbar werden soll, ist die Wiedergeburt der allererste Anfang. Deine Wiedergeburt aus Wasser und Geist war erst der Beginn. Jetzt will der Vater für ewig in dir wohnen. Wenn wir als seine Braut dieses Einswerden zulassen und wie Jesus durch ihn mit dem Vater verschmelzen, wächst die Braut in ihre Vollreife. Dann kann Jesus zu uns sagen: «Du bist meine Geliebte», und der Vater kann sagen: «Du bist ein Wohlgeruch für mich».[16] Dann wird in der Braut geschieden zwischen dem Ewigen und dem, was zerfällt.

Gott sucht also eine Braut, durch die er seine ewige Realität ins Sichtbare bringen kann. Wenn sie nicht in Einheit mit dem Vater lebt, trägt sie das Ewige nicht in sich. Doch in der Einheit mit dem lebendigen Gott ist sie der Fels in der Brandung, an dem die religiösen, wirtschaftlichen und militärischen Kräfte, die sich erheben, zerbrechen werden. Jetzt ist der Zeitpunkt, dass Gottes ewiger Plan Fleisch und Blut wird – in jedem Einzelnen von uns, in seiner Braut. Er ruft uns, die ewige Wirklichkeit ins Sichtbare zu bringen.

---

16 2. Korinther 2,15: *«Ja, weil Christus in uns lebt, sind wir zur Ehre Gottes ein Wohlgeruch, der sowohl zu denen dringt, die gerettet werden, als auch zu denen, die verloren gehen.»*

Das ist der Sinn unserer Existenz. Indem wir eins werden mit ihm, offenbart sich Gott in dem, wie er ist. Er sucht dich, er möchte dich in sein Wesen ziehen und durch dich Fleisch werden. Wir waren von Anfang an seine Geliebte, aber jetzt soll es offenbar werden: eine völlig verherrlichte Braut, die mit dem Wesen des Vaters eins ist, die so wie Jesus in einem beständigen Austausch mit dem Vater ist und sagt: «Ich habe nichts, aber durch den Vater habe ich alles.»[17]

Wir leben also nicht im Geist der Sohnschaft, weil wir etwas verstanden haben oder unserer Berufung folgen. Die einzige Art und Weise, wie wir als weltweite Ekklesia überwinden und Licht in die Gottesfinsternis der Welt bringen können, ist in der Gleichgestaltung mit Jesus, im Verschmolzensein mit dem Vater, wir in ihm und er in uns. Alles andere hat nicht die nötige Durchschlagskraft. Und wir brauchen diese Kraft. Denn alle Mächte, die Gott widerstehen, die aus dem irdisch, seelisch inspirierten Menschen kommen,[18] sollen und werden ausreifen. Alles Verborgene wird im Sichtbaren offenbar werden. In gleicher Weise soll auch das Zeugnis, das die Braut in sich trägt, offenbar werden. Denn das hat die Kraft, zu widerstehen und zu überwinden. So werden die Wellen der Finsternis an der Braut zerbrechen und sie nicht überschwemmen. Ja, der Vater will mit ihr den Weltenplan vollenden, er will mit ihr überwinden.

---

17 Johannes 5,19: *«Ich sage euch: Der Sohn kann nichts von sich selbst aus tun; er tut nur, was er den Vater tun sieht. Was immer der Vater tut, das tut auch der Sohn.»*

18 Siehe Jakobus 3,15

AKTIVIERUNG

Nimm dir Zeit, der Sehnsucht des Vaters zu begegnen und mir ihm zu verschmelzen. Lass dich mit den Seilen seiner Liebe in ihn hineinziehen.[19]

Die Herrlichkeit des Vaters in der Welt – seine Braut

In der Vergangenheit waren wir eingenommen von dem, was wir können, was wir wissen, was wir tun, welche Berufung wir haben etc. Aber jetzt geht es um eine andere Dimension, es geht um das Sein. Wer sind wir? Wer bist du?

Gott offenbart sich als der «Ich bin, der ich bin». «Ich bin Wahrheit, ich bin Licht, ich bin Leben …» In gleicher Weise ist es Zeit, dass wir als Braut aufstehen und sagen: «Ich bin die Inkarnation der Herrlichkeit Gottes.» Das ist die Erfüllung des hohepriesterlichen Gebets aus Johannes 17,22: *«Und die Herrlichkeit, die du mir gegeben hast, habe ich ihnen gegeben, …»* (ELB).

Der Vater wartet darauf, dass die Braut offenbar wird als die, die sie ist. Das ist zentral, denn dann wird sie durch Jesus Christus zur Herrlichkeit und Gegenwart des lebendigen Gottes in der sichtbaren Welt. So wie Johannes sagte: *«Wir sahen seine Herrlichkeit»*,[20] so wird die Welt in der Braut die Herrlichkeit von Jesus sehen. Auf diese Weise ist sie eine Vor-

---

19 Siehe Hosea 11,4

20 Johannes 1,14: *«Er, der das Wort ist, wurde ein Mensch von Fleisch und Blut und lebte unter uns. Wir sahen seine Herrlichkeit, eine Herrlichkeit voller Gnade und Wahrheit, wie nur er als der einzige Sohn sie besitzt, er, der vom Vater kommt.»*

ankündigung. Bevor Christus für alle Welt sichtbar wiederkommt, wird er sich zuerst durch seine Braut der Welt offenbaren. Sein Leib bereitet ihm den Weg.[21] So wie Jesus aus der ewigen Herrlichkeit gesendet wurde, um ewiges Leben zu bringen, so wie er seinen Auftrag ausgeführt hat, der vor Grundlegung der Welt gelegt war, so sind auch wir erwählt zur Sohnschaft.[22] Dies war schon immer das Anliegen Gottes. Nichts konnte dies zerstören, nicht einmal der Fall der Menschheit.

Leben aus dem Schoss des Vaters

Das Wesen von Jesus ist unzertrennlich mit dem des Vaters verbunden, es entspringt dem Schoss des Vaters.[23] So wie aus dem Schoss einer Frau das Kind geboren wird, so kommt die Weltgeschichte aus dem Schoss des Vaters zur Geburt. An diesen Ort nimmt uns Jesus mit. Dort ist Leben und Zeugungskraft, Blut von seinem Blut, Geist von seinem Geist. Dort kommt die Kraft des Blutes zur Auswirkung. Dort, im Schoss des Vaters, ist Jesus. Wir sind in und mit ihm,[24] und durch die Kraft des Heiligen Geistes kommt die ewige Schöpfung hervor. Jesus ist Teil des Vaters, das

---

21 Johannes 17,23: *«Ich in ihnen und du in mir – so sollen sie zur völligen Einheit gelangen, damit die Welt erkennt, dass du mich gesandt hast und dass sie von dir geliebt sind, wie ich von dir geliebt bin.»*

22 Epheser 1,4–5 (ELB): *«..., wie er uns in ihm auserwählt hat vor Grundlegung der Welt, dass wir heilig und tadellos vor ihm sind in Liebe, und uns vorherbestimmt hat zur Sohnschaft durch Jesus Christus für sich selbst nach dem Wohlgefallen seines Willens.»*

23 Johannes 1,18 (ELB): *«Niemand hat Gott jemals gesehen; der einziggeborene Sohn, der in des Vaters Schoss ist, der hat ihn bekannt gemacht.»*

24 Kolosser 3,2–3 (LUT17): *«Trachtet nach dem, was droben ist, nicht nach dem, was auf Erden ist. Denn ihr seid gestorben, und euer Leben ist verborgen mit Christus in Gott.»*

macht ihn zum Sohn. Gleichermassen sollen wir als Söhne hervorkommen. Die ganze Schöpfung wartet sehnsüchtig darauf, dass wir als solche offenbar werden.[25]

Geschaffen für die Ewigkeit

Alles, was der Vater ist, lebt in Jesus. Wer ihn isst und trinkt, hat das ewige Leben auch in sich. Dieses Leben, das wir durch Christus im Vater haben, wird nie vergehen und trägt die Kraft in sich, die Heilsgeschichte in die Welt zu bringen. Die ewige Schöpfung soll jetzt sichtbar werden. Dafür ist Jesus gekommen, dass die Braut mit ihm gemeinsam in ewiger Einheit und Gemeinschaft ihr göttliches Erbe antreten kann. Geschehen wird es durch den Geist Gottes. Dazu möchte uns Gott in diesen Tagen erwecken und uns aus all unseren eigenen Zielen herausreissen. Alle Ambitionen dieser Welt, wie Reichtum, Sicherheit im Alter etc., sind vergänglich. Du bist gemacht für eine Ewigkeit. Wenn du erkennst, dass du für eine Ewigkeit geschaffen worden bist, werden dich die Wogen der Welt nicht treffen können. Worauf wir jetzt zugehen, ist die Auseinandersetzung zwischen der Vollendung der Finsternis und dem Licht. Wenn wir mit einer Ewigkeitsperspektive vorwärtsgehen, kommt die Kraft zu überwinden hervor. Die Kräfte, die die Welt beherrschen, werden nicht bestehen. Unsere innere Ausrichtung muss sein, dass wir für eine Ewigkeit geschaffen worden sind.

---

25 Römer 8,19 (ELB): *«Denn das sehnsüchtige Harren der Schöpfung wartet auf die Offenbarung der Söhne Gottes.»*

AKTIVIERUNG

Lade den Heiligen Geist ein, dir zu offenbaren, wo du deinen Blick noch auf das Natürliche, das Vergängliche gerichtet hast. Danke ihm, dass er die Ewigkeit bereits in dein Herz gelegt hat, und bitte ihn, deinen Blick neu auf das Ewige auszurichten.[26]

Die Reinheit des Reiches

Die Einheit mit ihm und die Gleichgestaltung mit dem Sohn bedeuten auch, in der Reinheit seines Reiches zu wandeln. Denn wir leben für ein Reich, das nicht von dieser Welt ist. Wir sind in der Welt, aber nicht von der Welt.[27] Reinheit wurde von uns oft moralisch definiert: Wenn wir von Sünde frei sind, genügend in der Bibel lesen etc., dann leben wir in Reinheit. Das stimmt zunächst, ist aber zu kurz gefasst. Reinheit bedeutet, dass wir nach dem Ewigen geschaffen sind und ihm gleichgestaltet werden. Der Massstab sind die ewigen Pläne des Vaters.

Auch das jungfräuliche Wesen, über das wir in Offenbarung 14 lesen, wurde oft nur moralisch verstanden. Dabei geht es weit darüber hinaus. Das Wesen der Braut ist dann jungfräulich, wenn sie sich einzig und allein für ihren Bräutigam bewahrt hat. Sie ist mit nichts anderem eins geworden, hat sich nicht auf die Wege und Visionen dieser Welt eingelassen. Alle Opfer von Lobpreis, Geld, Gebet und Zeit sind wertlos, wenn

---

26 Siehe Prediger 3,11

27 Johannes 17,16–18 (ELB): «*Sie sind nicht von der Welt, wie ich nicht von der Welt bin. Heilige sie durch die Wahrheit! Dein Wort ist Wahrheit. Wie du mich in die Welt gesandt hast, habe auch ich sie in die Welt gesandt; …*»

wir ihm nicht unser ganzes Leben geben. Der Vater möchte in diesem Gleichgestaltungsprozess dein moralisches Verständnis von Reinheit erneuern. Sein Ruf nach Reinheit ist ein Ruf der vollkommenen Hingabe. Er möchte uns befreien von aller halbherzigen Hingabe an einzelne Lebensbereiche und moralische Massstäbe. Er sucht dich ganz.

So werden wir dann zu der Braut, die im Feuer geläutertes Gold bekommt. Alles, was aus Vergänglichem gebaut wird, wird verzehrt, um das ewige Feuer hervorzubringen. Darum müssen wir bitten. Es liegt Kraft und Energie dafür bereit. Alles Menschliche wird vergehen, und das Ewige wird durchbrechen. Das Ewige können wir nur empfangen, es ist nichts, was wir aus eigener Kraft hervorbringen könnten. Das Selbst-Schaffen ist zu Ende. Wir können uns nur positionieren, um es zu empfangen. Das bedeutet nicht, dass alles andere, was wir hervorgebracht haben, nichts war. Vielmehr ist jetzt die Zeit, dass wir zur Vollendung hin reifen und vorwärtsgehen mit dem tiefen Wissen, dass wir für eine Ewigkeit geschaffen sind.

AKTIVIERUNG

Hörst du den Ruf nach Reinheit, den Ruf zur vollkommenen Hingabe? Wenn du bereit bist, kannst du jetzt alle religiösen Anstrengungen und moralischen Versuche, rein zu werden, loslassen. Positioniere dich als Antwort auf diesen Ruf nach Reinheit als ganze Person in dem verzehrenden Feuer, in dem du von Gott geläutert werden wirst.[28]

---

28 Siehe 1. Petrus 1,7

Die Einheit mit dem Lamm

Das Lamm ist Licht

Die Herrlichkeit der Braut kommt auch aus der Einheit mit dem Lamm hervor. Das Lamm ist das Licht der Braut, der Stadt und der Schöpfung.[29] Jesus kam aus dem Licht der Ewigkeit und erfüllte die Finsternis der Schöpfung mit einem Licht, das nie ausgeht. Ohne dieses Licht würde der ganze Erdkreis in tiefster Dunkelheit versinken. Das Lamm, in dem keine Finsternis ist, hat durch sein Sühneopfer die Gottlosigkeit ein für alle Mal vernichtet.[30] Wer sein Blut trinkt und es in sich aufnimmt, wird mit dem Lamm zum Licht der Menschheit. Dieses Blut vernichtet alle Finsternis, bis die Offenbarung des Herrn alles erfüllt. Wer mit dem Lamm eins geworden ist, hat Zugang zu dem Ort der Erleuchtung unter dem Thron Gottes, von dem ich am Anfang geschrieben habe.

Gehorsam aus Liebe

Eins zu werden mit dem Lamm bedeutet, sein Wesen zu umarmen. Das Wesen des Lammes ist Gehorsam aus Liebe zum Vater. Es hat sich eins gemacht mit dem Vater, indem es sich in seiner Liebe, seiner Allmacht und seinem Erbarmen der Welt ausgeliefert hat.[31] In gleicher Weise sind

---

29 Offenbarung 21,23: *«Auch sind weder Sonne noch Mond nötig, um der Stadt Licht zu geben. Sie wird von der Herrlichkeit Gottes erhellt; das Licht, das ihr leuchtet, ist das Lamm.»*

30 Hebräer 10,10 (ELB): *«In diesem Willen sind wir geheiligt durch das ein für alle Mal geschehene Opfer des Leibes Jesu Christi.»*

31 Johannes 3,16: *«Denn Gott hat der Welt seine Liebe dadurch gezeigt, dass er seinen einzigen Sohn für sie hergab, damit jeder, der an ihn glaubt, das ewige Leben hat und nicht verloren geht.»*

wir dazu berufen, uns dem Vater aller Vaterschaft unterzuordnen, um ein hingegebenes Leben, angeschlossen an den ewigen Lebens- und Weltenplan des allmächtigen Gottes, zu leben. Unser Ruf ist also nicht zuerst zu Menschen und der Welt, sondern zu Gott. In dieser Hingabe für den Vater empfangen wir sein Herz und spüren seinen Schmerz und sein Erbarmen für die Welt.

Jesus hat sein Leben dafür gegeben, damit die Welt aus Liebe und im Gehorsam gegenüber Gott leben kann. Er hat den Preis bezahlt. Das geschah nicht aus dem Gesetz heraus, das war kein «Muss». Es geschah, weil der Sohn die tiefe Liebe des Vaters und sein Feuer in sich hatte. Er wusste, dass dies der einzige Weg war, damit die Welt zurück zum Leben kommt.

Die Hoffnung auf Herrlichkeit

So ist er auch heute die einzige Antwort auf die Fragen und Krisen dieser Welt. In der Wesenseinheit mit dem Vater und durch Jesus und sein ewiges Leben in uns kommt die Herrlichkeit Gottes hervor. Der in uns wohnende Christus wird zur Antwort für die Welt. Durch unseren Gehorsam und die damit verbundene Einheit mit dem Vater kommt er ins Sichtbare.

Das ewige Leben, das wir durch Christus in uns haben, verbrauchen wir nicht für uns selbst, sondern wir geben es der Welt – so wie Jesus und der Vater es auch nicht für sich behalten haben.

Der Vater hat seinen Wesenszug der Ewigkeit nicht für sich behalten, sondern seine Ewigkeit auch in uns hineingelegt. Wenn wir dazu berufen sind, die Wesensart des Lammes zu umarmen, dann sind wir auch dazu berufen, unser Leben für die Welt zu geben und es nicht für uns zu behalten.[32] Das ewige Leben ist uns gegeben, damit es die Welt durch uns empfangen kann. Das Wesen des Lammes möchte dich an einen Punkt führen, an dem du Gott mehr liebst als dein eigenes Leben, so wie Jesus es dir vorgelebt hat. Uns müssen die Augen geöffnet werden durch das Feuer des Heiligen Geistes, damit wir erkennen, dass wir als Braut wie Jesus dazu geschaffen sind, das Leben nicht für uns zu behalten. Zuallererst sind wir dazu berufen, es an Gott zu verschenken, um dann mit ihm den Schmerz über diese verlorene Welt zu teilen. Der Heilige Geist wird das in dir tun, damit du zu Salz und Licht für diese Welt wirst.

AKTIVIERUNG

Nimm dir Zeit, dich von der Liebe des Vaters für diese Welt erfassen zu lassen. Mache Raum in deinem Herzen, um den Schmerz und das Erbarmen Gottes für diese Welt zu spüren. Bitte den Heiligen Geist, dir zu zeigen, wie dein Leben die Antwort Gottes für die verlorene Welt ist.

Hingegeben für eine Welt

Anstatt dem Ruf Gottes in die Welt zu folgen, haben wir als Gemeinde Christi versucht, uns einen Fluchtweg aus der «bösen» Welt zu schaffen. Dabei sind wir trotzdem Teil der Welt geblieben. Nicht unbedingt, weil wir noch Anteil an der Welt haben, aber weil es so gesehen keinen Weg

---

32 Hebräer 10,5: *«Darum hat Christus, als er in die Welt kam, gesagt: ‹Opfer und Gaben willst du nicht; stattdessen hast du mir einen Leib gegeben.›»*

gibt, auf dem wir der finsteren Welt entfliehen könnten. Es ist eine Täuschung, dass wir uns ein «Reich der Erlösten» bauen könnten. Wir sind und bleiben Teil des menschlichen Geschlechts. Wenn wir den Ruf Gottes nicht wahrnehmen, geben wir die Menschheit verloren. Jesus hat sein Leben für die ganze Welt gegeben, nicht für eine abgesonderte religiöse Welt. Dieses Reich, das wir gebaut haben, ist nicht Gottes Reich. Denn Gott sieht die Welt nicht in zwei Bereiche getrennt. Er sieht nicht nur seine Erlösten an und sagt, dass der Rest ihn nichts angeht. Er hat nur eine Welt geschaffen. Wer versucht, diese zu trennen, verleugnet ihren Schöpfer. Wir können als Leib Christi nicht den Rest der Welt ausklammern. Wir sind Teil des ganzen Menschengeschlechts. Es gibt keine Trennung zwischen «diesen» und «jenen». Unsere Täuschung liegt in der Spaltung. Das Lamm hat sich gegeben, damit die ganze Welt mit Gott versöhnt wird, ausnahmslos die gesamte Schöpfung.[33] Jesus ist Teil der ganzen Schöpfung geworden und hat so die Herrlichkeit Gottes, seine Gedanken und Wege in sie hineingebracht. Seine Aufgabe war es, die ganze Welt, die dem Vater gehört, mit ihm zu versöhnen.

Der Heilige Geist will unser Denken erneuern, wo wir ein gespaltetes Weltbild und Denken haben. Denn das Wesen Gottes hat eine andere Sicht. Jesus hat sich selbst für eine ganze, unteilbare Welt gegeben. Er hat keine Religion oder ein christliches Sonderdasein gebracht. Sein Verlangen ist es, alles in allem mit seiner Gegenwart und Energie zu durchdrin-

---

33 Kolosser 1,19–20: «*Ja, Gott hat beschlossen, mit der ganzen Fülle seines Wesens in ihm zu wohnen und durch ihn das ganze Universum mit sich zu versöhnen. Dadurch, dass Christus am Kreuz sein Blut vergoss, hat Gott Frieden geschaffen. Die Versöhnung durch Christus umfasst alles, was auf der Erde, und alles, was im Himmel ist.*»

gen. Von dieser Sehnsucht und dem Schmerz darüber, dass es noch nicht in der sichtbaren Wirklichkeit so ist, müssen wir erfasst werden. Wenn wir eins werden mit seinem Wesen und das Lamm in uns die Leuchte[34] ist, dann haben wir denselben Schmerz wie der Vater in uns. Allein die Liebe befähigt uns, im Gehorsam diesem Ruf zu folgen. Wenn wir allerdings sagen, dass wir mit dem Rest der Welt nichts mehr zu tun haben wollen, dann haben wir nicht mehr diesen Schmerz in uns und damit auch nicht mehr Anteil an dem Wesen der Welt.

Wenn wir diesen Ruf der Liebe verweigern, zeugt es davon, dass unser Herz verfinstert ist. Es zeigt, dass wir nicht vom Vater erfasst sind und noch nicht in der Einheit mit Jesus leben. Wir können und dürfen aber den Schmerz Jesu und die Liebe des Vaters für die Welt nicht ausklammern. Der Leib überwindet, wenn er sich wieder als ein Teil der ganzen Schöpfung sieht. Wenn wir erkennen, dass Gott Erlösung für die ganze Schöpfung hat, kommen wir in die Überwinderkraft. Wenn wir Gott unser ganzes Leben geben, dann gehört all das dazu. Zu oft haben wir das verkürzt.

AKTIVIERUNG

Der Heilige Geist ist dir gegeben, um dein Denken zu erneuern. Lass zu, dass er jedes getrennte Denken über die Welt und ihren Schöpfer in dir offenbar macht und erneuert.

34 Siehe Offenbarung 21,23

Dadurch sind wir blind geworden für die Wirklichkeit Gottes. Wir sind blind dafür zu erkennen, wie Gott die Welt sieht und wie er sie durch unsere Hingabe verändern möchte. Sichtbar wird das durch die falschen Opfer, die wir bringen, denn wir bringen nicht uns selbst. Jesus hat sich selbst gebracht, nicht nur einen Teil seines Wesens. Er hat sich selbst gegeben. Das Kostbarste, was der Vater hatte, gab er für uns. Weil Christus zur fleischgewordenen Liebe Gottes und Barmherzigkeit wurde, konnte ihm der Vater am Ende die ganze Erde zum Erbe geben. Im Himmel war klar, er ist König, aber weil Jesus in diesem Gehorsam und dieser Liebe gelebt hat und sich selbst gegeben hat, konnte der Vater ihm die Regierung über die ganze Welt geben – weil er selbst zur Schöpfung wurde und Mensch war, so wie wir.[35] Wir müssen erkennen, dass Jesus einer von uns wurde, damit wir gemeinsam mit ihm die Welt regieren können.[36] Wenn

---

35 Philipper 2,6–9: *«Er, der Gott in allem gleich war und auf einer Stufe mit ihm stand, nutzte seine Macht nicht zu seinem eigenen Vorteil aus. Im Gegenteil: Er verzichtete auf alle seine Vorrechte und stellte sich auf dieselbe Stufe wie ein Diener. Er wurde einer von uns – ein Mensch wie andere Menschen. Aber er erniedrigte sich noch mehr: Im Gehorsam gegenüber Gott nahm er sogar den Tod auf sich; er starb am Kreuz wie ein Verbrecher. Deshalb hat Gott ihn auch so unvergleichlich hoch erhöht und hat ihm als Ehrentitel den Namen gegeben, der bedeutender ist als jeder andere Name.»*

36 Offenbarung 2,26–28: *«Dem, der siegreich aus dem Kampf hervorgeht und bis zuletzt nicht aufhört, so zu handeln, wie ich es will, werde ich Macht über die Völker geben, sodass er mit eisernem Zepter über sie regieren und sie wie Tongeschirr zerschmettern wird. Ich verleihe ihm damit dieselbe Macht, die auch ich von meinem Vater bekommen habe. Und als Zeichen dieser Macht werde ich ihm den Morgenstern geben. Wer bereit ist zu hören, achte auf das, was der Geist den Gemeinden sagt!»* / Offenbarung 5,9b–10: *«Denn du hast dich als Schlachtopfer töten lassen und hast mit deinem Blut Menschen aus allen Stämmen und Völkern für Gott freigekauft, Menschen aller Sprachen und Kulturen. Du hast sie zu Mitherrschern gemacht, zu Priestern für unseren Gott, und sie werden einmal auf der Erde regieren.»*

er in uns die Wesensart des Lammes findet, kann Gott uns in Einheit mit Jesus dieselbe Regierungsautorität für die Welt geben.[37] Das Entscheidende ist, dass wir mit unserem hingegebenen Leben eins geworden sind mit ihm, in seinem Erbarmen, seiner Barmherzigkeit und seinem Schmerz. Der Leib Jesu wird also Miterbe des ewigen Reiches, wenn er bereit ist, für die verlorene Welt alles zu geben.

Ausgesondert für die Welt

Unser Gott hat kein geteiltes Herz für diese Welt. In gleicher Weise darf auch der Leib kein geteiltes Herz haben. Unser Vater denkt ganzheitlich, er hat eine alle und alles umfassende Liebe, Barmherzigkeit und Demut. So sind wir berufen, unser ganzes Leben als ein Opfer zu geben.[38] Wie das Lamm, das sich erniedrigt hat zum Gottesknecht aller Menschen, damit wir gerettet werden für den Vater. Gleichermassen ist jeder von uns nicht für Gott von der Welt ausgesondert, sondern wir sind von Gott für die Welt ausgesondert. Alles beginnt mit unserer persönlichen Erlösung, sie ist der Anfang, aber dann geht es nur noch um ihn. Wir suchen ihn nicht mehr um unserer selbst willen, sondern um seinetwillen. Dann macht der Geist des Vaters uns zu Zeugen seiner Wahrheit. Das Lamm ist die

---

37 Römer 5,17 (ELB): *«Denn wenn durch die Übertretung des einen der Tod durch den einen geherrscht hat, so werden viel mehr die, welche den Überfluss der Gnade und der Gabe der Gerechtigkeit empfangen, im Leben herrschen durch den einen, Jesus Christus.»*

38 Römer 12,1: *«Ich habe euch vor Augen geführt, Geschwister, wie gross Gottes Erbarmen ist. Die einzige angemessene Antwort darauf ist die, dass ihr euch mit eurem ganzen Leben Gott zur Verfügung stellt und euch ihm als ein lebendiges und heiliges Opfer darbringt, an dem er Freude hat. Das ist der wahre Gottesdienst, und dazu fordere ich euch auf.»*

Wahrheit.[39] Wenn wir die Natur des Lammes in uns haben, wirkt in uns und liegt auf uns die ganze Gottesfülle, die ganze Wahrheit Gottes. Das ist die wahre Sendung des Geistes.

Im Einswerden mit dem Lamm werden wir überführt von jeglicher Trennung zwischen Gott und Welt, zwischen himmlisch und irdisch. Dadurch werden wir bereitet, Gottes vollkommenen Plan ausführen zu können. Im Kampf zwischen unserem Weltbild und Gottes Verständnis finden wir die Kraft zu überwinden einzig und allein im Lamm. Denn wenn wir uns getrennt von der Welt sehen, werden wir nur Erlösung für uns selbst empfangen. Gott möchte aber die ganze Welt mit sich selbst durchdringen. Dafür müssen wir seine Liebe und sein Erbarmen empfangen.

AKTIVIERUNG

Wenn dich diese Wahrheit getroffen hat, darfst du jetzt deine eigene Natur, die dich nur um dich selbst drehen lässt, in den Tod geben. Du darfst stattdessen die Natur des Lammes empfangen, die dich in die Lage versetzt, dein Leben zu lassen, um wie Jesus nur noch den Willen des Vaters zu tun.

39 Johannes 14,6: «*‹Ich bin der Weg›, antwortete Jesus, ‹ich bin die Wahrheit, und ich bin das Leben. Zum Vater kommt man nur durch mich.›*»

Die vor uns liegende Freude

Wenn diese Liebe in uns lebt, dann endet der Weg der Mühsal und wird zur Freude. Ja, das Lamm hat einen Schmerz über das Verlorene, aber am Ende ist es Freude, die vor ihm liegt. Die Freude darüber, dass alles zu ihm zurückkehren wird.[40] In gleicher Weise umarmen wir den Schmerz um der vor uns liegende Freude willen. Das Wesen Gottes ist Freude.[41] Das Opfer unseres Lebens, das wir bringen, bringen wir aus Freude. Der Weg der Mühsal, als Getriebene dieses und jenes machen zu müssen, ist zu Ende. Wenn wir mit Jesus eins werden, beginnen wir, auf dem Pfad der Freude zu gehen, und geben uns selbst aus Freude. So wird die Grundmelodie unserer Hingabe Freude sein.[42] Es ist ein Werk der tiefen Versöhnung mit dem Wesen Gottes, das Freude ist. Leiden, Bedrängnis und Verfolgung werden kommen, aber diese Freude wird uns niemand nehmen. Es ist eine Freude in Gott. Komme, was da wolle, selbst wenn wir sterben werden, diese Freude kann uns niemand nehmen. Das ist das Vermächtnis von Jesus, das er uns vor seinem tiefsten Leiden, vor seinem Tod gelassen hat. Bist du bereit, dem Lamm zu folgen, wohin es auch geht? Wirst du dich von der vor dir liegenden Freude erfassen lassen?

---

40 Hebräer 12,2: «*..., und unseren Blick auf Jesus richten, den Wegbereiter des Glaubens, der uns ans Ziel vorausgegangen ist. Weil Jesus wusste, welche Freude auf ihn wartete, nahm er den Tod am Kreuz auf sich, und auch die Schande, die damit verbunden war, konnte ihn nicht abschrecken. Deshalb sitzt er jetzt auf dem Thron im Himmel an Gottes rechter Seite.*»

41 Psalm 16,11: «*Du zeigst mir den Weg zum Leben. Dort, wo du bist, gibt es Freude in Fülle; ungetrübtes Glück hält deine Hand ewig bereit.*»

42 Johannes 15,11: «*Ich sage euch das, damit meine Freude euch erfüllt und eure Freude vollkommen ist.*»

Der Friedensfürst

Im Einswerden mit dem Lamm wird mit dieser Freude auch sein Frieden kommen. Denn in seinem Wesen finden wir einen ganz tiefen Frieden, der höher ist als menschliches Verstehen.[43] Der Hebräerbrief spricht davon, dass noch eine Ruhe für sein Volk vorhanden ist.[44] Diese Ruhe, dieser Frieden ist Jesus. Jesus, der Friedensfürst, möchte in unsere Herzen einziehen. Wenn wir das zulassen, werden wir zu Boten des Friedens. Unter seiner Herrschaft geht der Weg des Gesetzes und der Mühsal zu Ende. Er möchte dich also in eine tiefe Offenbarung von Frieden und Freude führen. Der ewige Friedensfürst will dir ewigen Frieden schenken. Alle Bedrückung kommt so zu einem Ende. Denn in all dem Leiden sind wir gewiss, dass wir für eine Ewigkeit leben, die unter der Herrschaft des Friedensfürsten Jesus steht.

Er hat Frieden gestiftet zwischen Himmel und Erde, zwischen Gott und seiner Schöpfung, und mit ihm sind wir beim allmächtigen Gott und Vater angekommen. Dort können wir zur Ruhe kommen, denn alles ist bereits in ihm und durch ihn vollendet.[45] Durch das vollendete Werk von Jesus auf der Erde hat das Herz des Vaters Frieden gefunden und Freude über die Erlösung, für die er ihn in die Welt gesandt hat. Durch Christi

43 Philipper 4,7: *«Dann wird der Frieden Gottes, der weit über alles Verstehen hinausreicht, über euren Gedanken wachen und euch in eurem Innersten bewahren – euch, die ihr mit Jesus Christus verbunden seid.»*

44 Hebräer 4,9: *«Somit wartet auf Gottes Volk noch eine Zeit vollkommener Ruhe – die wahre Sabbatfeier.»*

45 Johannes 17,4: *«Ich habe das Werk vollendet, das du mir aufgetragen hast: Ich habe hier auf der Erde deine Herrlichkeit offenbart.»*

Tod ist Frieden in uns eingekehrt, und die vollkommene Freude des Vaters wurde als unser Erbe aufgeschlossen.[46]

Der bereits vollbrachte Frieden

Jesus hat dem Vater die ganze Schöpfung zurückgebracht für alle Ewigkeit. So hat er den Vater verherrlicht, und der Vater hat ihn erhöht auf seinem ewigen Thron.[47]

Das Werk des Kreuzes ist so vollkommen, dass es nichts mehr gibt, das nicht erlöst werden könnte. Für die Versöhnung der ganzen Schöpfung, alles in allem, hat Jesus bereits für alle Ewigkeit bezahlt.[48] Wenn wir als seine Braut die Offenbarung erfasst haben, dass Jesus bereits alles vollbracht hat, dann kommt die Wahrheit der schon vollkommenen Freude, des Friedens und der Freiheit in die Welt. Seit der siegreichen Auferstehung ist Freude und Anbetung im Himmel über das, was Jesus getan hat. Jetzt ist die Zeit, dass das Ewige ins Sichtbare kommt. Dies wird nicht durch grosse Kämpfe oder Anstrengungen geschehen. Vielmehr bezeugen wir es natürlicherweise, weil wir so von seinem Wesen erfasst sind. In diesem Sinne müssen wir um den Sieg in der Welt nicht mehr ringen, denn sein Opfer war und ist vollkommen. Es hat die ganze Schöpfung dem Vater zurückgebracht. Unser Auftrag ist es, das ins Sicht-

---

46 Römer 14,17: *«Denn im Reich Gottes geht es nicht um Fragen des Essens und Trinkens, sondern um das, was der Heilige Geist bewirkt: Gerechtigkeit, Frieden und Freude.»*

47 Philipper 2,9: *«Deshalb hat Gott ihn auch so unvergleichlich hoch erhöht und hat ihm als Ehrentitel den Namen gegeben, der bedeutender ist als jeder andere Name.»*

48 Kolosser 1,20b: *«Die Versöhnung durch Christus umfasst alles, was auf der Erde, und alles, was im Himmel ist.»*

bare zu bringen, was bereits vollendet ist. Dies tun wir, indem wir ihm in seinem Wesen und Charakter gleichgestaltet werden.

Boten des Friedensreiches

Zurück zu der Freude und Anbetung, die über dem Lamm im Himmel ist. Gerichte kommen, aber diese Anbetung ist immer da. Das Opfer ist nicht mehr eine schwere Last, es ist Freude, Jubel und Danksagung. Als Botschafter des Ewigen sind diese Freude und der Jubel über das, was Jesus getan hat, auch in uns. Wir werden eins mit dem Lobgesang, der im Herzen des Vaters ist, weil Jesus alles zurückgebracht und vollendet hat. Es ist vollbracht. Die Lebenskraft des Vaters ist für immer in der Schöpfung. Es ist bereits geschehen. Dieses Opfer genügt nicht nur für unsere Sünde und Gottesferne, damit wir neue Menschen werden, sondern es befähigt uns, als erneuerte Menschen die neue Schöpfung, den neuen Himmel und die neue Erde hervorzubringen.

Das Opfer unseres Lebens, das wir dafür bringen, bringen wir in Freude. Mit unserem Leben auf dem Altar tragen wir als Friedensboten sein Friedensreich in die Welt. Wenn der vollkommene Sieg und die Versöhnung durch das Kreuz im Sichtbaren zur Geburt kommen, werden wir jubeln. Noch stehen wir zwar mitten in diesem Geburtsprozess, dass das Friedensreich ins Sichtbare kommt, aber in den Leiden und den Wehen haben wir eine freudige Gewissheit darüber, dass alles schon bereits da ist.[49]

---

49 Epheser 1,3: «*Gepriesen sei Gott, der Vater unseres Herrn Jesus Christus! Gepriesen sei er für die Fülle des geistlichen Segens, an der wir in der himmlischen Welt durch Christus Anteil bekommen haben.*»

Mit Jesus, dem Friedenskönig, können wir Friedensboten sein, denn durch ihn leben in uns unerschütterlicher Frieden und Freude. Dann bricht durch uns das Friedensreich des Himmels herein. Wie im Himmel, so auf Erden werden ewiger Frieden und Freude freigesetzt. Wir – als seine Braut – sind eine ins Sichtbare gekommene Friedensbotin. Wir sind unserem König Jesus, der vom Vater eingesetzt wurde, zur Seite gegeben, und gemeinsam mit ihm bringen wir sein Reich hervor.[50] Wenn das Friedensreich anbricht, wird der Ort seiner Herrlichkeit sichtbar werden. Dort ist jeder Kampf zu Ende, dort kommt alles zur Ruhe. Dafür hat der Vater seinen Geist gegeben, dass seine Herrlichkeit offenbar wird. Gemeinsam werden wir sein Werk auf der Erde vollbringen, bis alles ins Sichtbare gekommen ist.

---

50 Daniel 7,18 (SLT): *«...; aber die Heiligen des Allerhöchsten werden die Königsherrschaft empfangen, und sie werden die Königsherrschaft bis in Ewigkeit behalten, ja, bis in alle Ewigkeit!»*

Die Herrlichkeit der Schöpfung

Jesus, der Erstling

Der Friedensfürst Jesus regiert über die ganze Schöpfung. Ihm gehört der Thron Davids, von dem aus er sagt: «Siehe, ich mache alles neu, ALLES.»[51] Auf Golgatha hat Jesus die ganze Schöpfung freigekauft, sodass sie in der Herrlichkeit Gottes wieder zum Leben aufersteht. Sein Blut durchtränkt die ganze Erde, seine Erlösung ist ganzheitlich. Alles ist sein Reich.

Der Schlüssel, um die Herrlichkeit Gottes in der Schöpfung hervorzubringen, ist der Mensch, der in Jesus Christus und seiner Fülle frei geworden und gewachsen ist.[52] Wenn wir als Menschen, mit Körper, Seele und Geist, ganz erfüllt sind mit dem Geist des Vaters, kommt seine Vollgestalt in uns hervor. Der Erstgeborene dieser neuen Schöpfung ist der Mensch Jesus.[53]

---

51 Offenbarung 21,5: «*Daraufhin sagte der, der auf dem Thron sass: ‹Seht, ich mache alles neu.›*»

52 Epheser 4,13: «*Das soll dazu führen, dass wir alle in unserem Glauben und in unserer Kenntnis von Gottes Sohn zur vollen Einheit gelangen, und dass wir eine Reife erreichen, deren Massstab Christus selbst ist in seiner ganzen Fülle.*»

53 Kolosser 1,15 (ELB): «*Er ist das Bild des unsichtbaren Gottes, der Erstgeborene aller Schöpfung.*»

Durch ihn hat Gott gezeigt, wozu wir als Menschen erwählt sind. In dem Menschen Jesus lebte die ganze Herrlichkeit des Vaters. Sein Leib war der Tempel Gottes.

So wie Jesus Geschöpf war, sind wir es auch. Er war der Erste von vielen, damit wir so wie er in der Herrlichkeit des Vaters leben können. Auf Jesus hat Gott das Siegel wahren Menschseins gelegt, und in seinem Menschsein ist er immer untrennbar mit dem Vater verbunden geblieben. Er gehörte ihm mit allem, was er war. Dadurch war sein ganzer Leib ausgefüllt mit dem Sein des Vaters. Alles, was der Vater schafft, ist Geist-Substanz.[54] Diese Geist-Substanz des Vaters erfüllte ihn ganz. Und weil er für alle der Erste war, können wir leben wie er. Wir können und sollen ganz erfüllt sein mit der Substanz des Vaters, die ewiges Leben ist. Gott ist Geist, und er allein ist ewig.[55] Das vom Geist erfüllte Wort hat alles zum Leben erweckt. Gleichermassen hat jedes Wort, das Jesus gesprochen hat, ewiges Leben hervorgebracht, weil er es aus dem Vater der Ewigkeit geschöpft hat. Sein Geist ist Schöpferwort, und sein Wort bringt Geist-Schöpfung, Ewiges hervor.[56]

---

54 Johannes 4,24: *«Gott ist Geist, und die, die ihn anbeten wollen, müssen ihn im Geist und in der Wahrheit anbeten.»*

55 2. Korinther 3,17: *«Dieser Herr aber ist der Geist, von dem wir gesprochen haben. Und wo der Geist des Herrn ist, da ist Freiheit.»*

56 Psalm 33,4.6.9: *«Denn das Wort des Herrn ist zuverlässig, treu ist er in allem, was er tut. (…) Durch das Wort des Herrn wurden die Himmel erschaffen, das Heer der Sterne durch den Hauch seines Mundes. (…) Denn er sprach nur ein Wort – und es geschah; er gab einen Befehl – und es kam zustande.»*

Die gesamte Schöpfung ist für ewig geschaffen. Diese Herrlichkeit von Jesus Christus in uns ist die einzige Kraft und Energie in der ganzen Schöpfung, die in der Lage ist, die Herrlichkeit Gottes in der Schöpfung ins Sichtbare zu rufen.

Der Mensch mit seinem natürlichen Leib ist Träger des ewigen Lebens aus Gott. Er ist nach dem Wesen und Ebenbild Gottes geschaffen. Weil Gott Geist ist, hat er allem seinen Geist eingehaucht. Wenn wir unsere Leiblichkeit, unser Menschsein verleugnen, können wir auch nicht ewiges Leben in die uns anvertraute Schöpfung bringen. Denn der Geist will zunächst in unserem geschaffenen Leib wohnen, um dann die ganze Schöpfung zu durchdringen. Wenn wir aber einen geistlichen Akt vollziehen, ohne dabei unsere Menschlichkeit zu umarmen, sprechen wir nur leere Worthülsen, die keine Kraft haben. Wenn unser Sein nicht in der Ewigkeit verankert ist, bleibt die ganze Schöpfung gleichermassen unter der Knechtschaft des Todes, der Vergänglichkeit. Denn Worte an sich bringen kein Leben hervor. Wenn wir aber unser menschliches Sein umarmen und darin dem Ewigen Raum schaffen, atmet die ganze Schöpfung auf, weil sie ihrem Schöpfer begegnet.[57]

Die göttliche Würde

Alles Geschaffene, alle Geschöpfe dieser Erde sind seit dem Opfer von Jesus auf Golgatha und seiner siegreichen Auferstehung berufen, die zu-

---

57 Römer 8,21: *«Auch sie, die Schöpfung, wird von der Last der Vergänglichkeit befreit werden und an der Freiheit teilhaben, die den Kindern Gottes mit der künftigen Herrlichkeit geschenkt wird.»*

vor verlorene Herrlichkeit und Würde zurückzuerlangen. Auch wenn die Schöpfung gefallen ist, verbirgt sich in ihr die Sehnsucht nach Erlösung. Das ist das Ende der Abgrenzung des Reiches Gottes von dem Rest der Welt. Das durch Jesus Christus angebrochene Reich des Vaters ist ein Reich, kein geteiltes. Sein Reich umfasst die ganze Welt. Wenn wir das ergreifen, kommt die Verleugnung von allem Irdischen und Vergänglichen zu einem Ende. Unser Körper, das Sichtbare, Geschaffene, trägt die Herrlichkeit Gottes.[58] Das ist so wichtig, denn unser ganzes Sein ist die Antwort auf die Schöpfung, die nach Erlösung ruft. Wissen wir, zu welcher Würde wir als Menschen berufen sind? Wenn wir von dieser Würde wüssten, könnten wir der ganzen Schöpfung ihre Würde zurückgeben, und die Herrlichkeit Gottes würde sich offenbaren.

Durch die millionenfachen Abtreibungen und die Genderbewegung wird sichtbar, dass der Mensch nicht mehr weiss, was für eine Würde er durch die Herrlichkeit Gottes hat. Eine regelrechte Zerstörung menschlicher Würde wird dadurch verbreitet. Alles Menschliche wird entwertet und unter die eigene Verfügung genommen. Das Geschöpf wird instrumentalisiert und objektiviert. Der Mensch ist aber kein Objekt, über das wir nach unserer eigenen Denkweise verfügen können. Der Mensch hat göttliche Würde. In dem Moment, in dem ein Mensch zum Objekt degradiert wird, kann man mit ihm alles machen, was man will, und man nimmt sich, was man braucht. Aber es wird nicht gesehen, dass man damit die Würde zerstört, die Gott dem Menschen gegeben hat. Stattdessen machen wir die Schöpfung zu unserem Knecht, wir beuten sie aus, mit

---

58 1. Korinther 6,19: *«Habt ihr denn vergessen, dass euer Körper ein Tempel des Heiligen Geistes ist? Der Geist, den Gott euch gegeben hat, wohnt in euch, und ihr gehört nicht mehr euch selbst.»*

der Überzeugung, dass sie uns dienen soll. Dabei sind wir doch berufen, der Schöpfung zu dienen[59] und sie zu ehren als Träger der Herrlichkeit Gottes.

Gott muss uns zeigen, wie wir als dieser neue Mensch der Schöpfung begegnen können. Damit die Erde wiederhergestellt werden kann, brauchen wir einen Kompass, der ausgerichtet ist auf das, was ewig ist, was aus Gott kommt. Die Schöpfung gehört nicht uns, deswegen können wir auch nicht einfach damit machen, was wir wollen. Wir müssen der Schöpfung mit der Herrlichkeit Gottes begegnen. Aber das geht nur, wenn wir erkennen, dass wir als Geschöpfe die Herrlichkeit Gottes tragen. Wir als Geschöpfe haben die Würde, die Herrlichkeit Gottes zu tragen, und können nur aus dieser Offenbarung heraus der Schöpfung in angemessener Weise begegnen. Der Geist des Vaters und die menschgewordene Liebe Gottes durch Jesus Christus in uns rufen das geschaffene Leben in die Schöpferkraft Gottes zurück. So schaffen wir dem Leben Gottes Raum und Jesus wird in allem verherrlicht.

AKTIVIERUNG

Lass diesen letzten Abschnitt für dich persönlich werden. Du bist dazu berufen, als Träger der Herrlichkeit Gottes der Schöpfung zu dienen. Nimm diese Würde an.

---

59 1. Mose 2,15 (SLT): *«Und Gott der Herr nahm den Menschen und setzte ihn in den Garten Eden, damit er ihn bebaue und bewahre.»*

Das Wesen des Heiligen Geistes

Die Kraft des ewigen Schöpfergeistes

Der Heilige Geist ist die dritte göttliche Person. Er ist der ewige Schöpfergeist. Er ist der Lebensodem, der Atem des Vaters und des Sohnes in Person. Er ist die Fülle der Feuerfackeln vor dem Thron Gottes. Er ist die Stimme, umgeben von Blitz und Donner, welche die Erde erbeben lässt.[60] Jede Finsternis muss weichen vor dem ewigen Sein der Heiligkeit des allmächtigen Gottes. Wenn seine Stimme sich erhebt, muss alles schweigen und das ewige Sein des allmächtigen Gottes anbeten. Er ist die Stimme der Wahrheit[61] aus der Tiefe des Wesens Gottes. Er ist die Wahrheit über der ganzen sichtbaren und verborgenen Welt, die dieses ewige Sein und Wesen Gottes verkündet.

Er ist überall und in allem die Manifestation des göttlichen Willens, in einer Urexplosion von ewiger Freisetzung, Energie, Lebenskraft und

---

60 Psalm 18,13–14a: *«Strahlender Glanz umgab ihn, Wolken gingen daraus hervor, Hagel und glühende Kohlen prasselten nieder. Dann liess der Herr den Donner am Himmel erdröhnen, er, der Höchste, liess seine Stimme erschallen.»*

61 Johannes 16,13: *«Doch wenn der Helfer kommt, der Geist der Wahrheit, wird er euch zum vollen Verständnis der Wahrheit führen. Denn was er sagen wird, wird er nicht aus sich selbst heraus sagen; er wird das sagen, was er hört. Und er wird euch die zukünftigen Dinge verkünden.»*

Freiheit. Wo sich der Heilige Geist manifestiert, wird durch ihn der göttliche Wille hervorgebracht. Denn er ist die ewige Wahrheit, die in allem die ewige Wahrheit hervorbringt, um den Willen Gottes hervorbrechen zu lassen. Nur durch ihn kann das Geschaffene mit dem Willen Gottes durchdrungen werden.

Alles, was lebt, erfüllt er mit der Weisheit des ewigen Schöpfers, denn er ist der Odem Gottes. Über jedem Menschen, über der ganzen Schöpfung bewegt sich der Geist Gottes. Alles trägt diese Urexplosion in sich, durch die der Heilige Geist die ewige Weisheit Gottes und seinen Willen hervorbringen will. Es gibt kein Leben auf der Erde ohne ihn. Vor Grundlegung der Welt war es der Geist, der über allem brütete.[62] Jesus wurde im Geist gezeugt, so kam alles aus dem Geist hervor. In und über allem, was geschaffen ist, ist er die innewohnende Herrlichkeit Gottes. In allem ist er verborgen.[63] Jesus hat diesen Geist des Lebens freigesetzt, als er auf Golgatha den Tod besiegt hat.

Dem Geist untergeordnet

Alle Weisheit dieser Welt muss sich unter diesem ewigen Geheimnis beugen, das aus den Tiefen der Weisheit Gottes kommt. Der Heilige Geist

---

62 1. Mose 1,2 (ELB): *«Und die Erde war wüst und leer, und Finsternis war über der Tiefe; und der Geist Gottes schwebte über dem Wasser.»*

63 Johannes 14,16–17 (SLT): *«Und ich will den Vater bitten, und er wird euch einen anderen Beistand geben, dass er bei euch bleibt in Ewigkeit, den Geist der Wahrheit, den die Welt nicht empfangen kann, denn sie beachtet ihn nicht und erkennt ihn nicht; ihr aber erkennt ihn, denn er bleibt bei euch und wird in euch sein.»*

ist verborgen vor den Augen der Welt. Nur dort, wo das Geschöpf sich seinem Schöpfer unterwirft, kann der Geist Gottes die Enthüllung der Gedanken und Wege Gottes hervorbringen. Der Heilige Geist ist in unzertrennlicher Einheit mit Gott, dem Vater, und dem Sohn Jesus Christus. Nur gemeinsam können sie die ewige Herrlichkeit des Vaters in das natürlich Geschaffene, die Herzen, den Geist und den Körper, bringen. Uns ist die Freiheit gegeben, uns diesem göttlichen Ratschluss zu unterwerfen. Wenn diese Freiheit missbraucht wird und wir uns menschlicher Weisheit zuwenden, kann der Heilige Geist nicht wirken. Er hört nicht auf, in der ganzen Schöpfung nach Gottes Begegnung zu seufzen, zu flehen, zu klagen. Er sehnt sich voller Freude danach, die ewigen Bestimmungen Gottes durch seine Energie freizusetzen.

Auch wenn er nicht wirken kann, seufzt und fleht er, dass eine Sehnsucht nach Gottes Begegnung in der Schöpfung hervorbricht und dass der Hunger nach der Lebensenergie und Freude geweckt wird, die nur er bringen kann. Ohne ihn gibt es keine Offenbarung der verborgenen Gedanken und Wege Gottes. Alles, was dann bleibt, ist Verwirrung, Täuschung, Ratlosigkeit, Irrwege, Unordnung und Chaos. Nur er wird diese Generation in die letzte Erfüllung von Gottes ewigem Plan für die Geschichte dieser Erde bringen können. Denn diese Pläne finden wir nur an dem Ort, an dem der Heilige Geist ist und wirkt. An diesen Ort, der bereits zu Beginn beschrieben wurde, sind wir eingeladen. Von dort aus möchte Gott in Übereinstimmung mit seinem Geist in und durch uns wirken.

Der Geist in uns

Die Menschheit und die Schöpfung bewegen sich im Tal der Entscheidung zwischen Leben und Tod, Wahrheit und Lüge. Wir haben die freie Wahl, uns aus Liebe zum Vater und seinem Sohn demütig unter die mächtige Hand Gottes und unter den ewigen König Jesus zu beugen und Ja zu unserem sterblichen Körper zu sagen. Auch wenn wir nur Menschen sind, sind wir dafür geschaffen, die ganze Fülle der Herrlichkeit Gottes zu empfangen. Aus Liebe bejahen wir dieses Wirken. Wir umarmen aus Liebe zu ihm seinen Geist, der Wahrheit ist. Nicht aus Zwang oder Druck, weil wir müssten oder sollten.

In dieser von Liebe bewegten Unterordnung geht jede Selbsterlösung zu Ende. Jeder Gedanke, dass wir es selbst machen müssten oder könnten, findet keinen Raum mehr. Wenn wir bejahen, dass wir nur Menschen sind, die aber dazu geschaffen sind, die Fülle der Herrlichkeit Gottes zu empfangen, vertrauen wir nicht mehr auf das Sichtbare und Selbst-Machbare. In diesen geöffneten Raum kann dann der Heilige Geist einziehen, Wohnung nehmen und die ewige Liebesabsicht und Weisheit Gottes, die ganze Energie des göttlichen Seins freisetzen und entwickeln. So wirkt er im Menschen, durch den Menschen und damit in alle Bereiche der Schöpfung hinein.

Der Heilige Geist kann und will uns seine göttliche Energie schenken, dafür sucht er aber in uns nach diesem geöffneten Raum. Wenn er diesen findet, wird er uns mit der Stimme aus der Tiefe seines Seins verbinden. Dadurch werden wir angeschlossen an Gottes ewige Wahrheit und Weisheit – den Ort, an dem wir alle Offenbarung empfangen können. In diesen Tiefen ist alles verborgen, alle praktischen Schritte, einfach alles. Sei es für die Beziehung in der Ehe, für die Erziehung der Kinder, für die Gestaltung einer Gemeinde oder die Führung eines Unternehmen; für jeden Arbeitsplatz, an dem wir wirken, gibt es umsetzbare, göttliche Lösungen. Da gibt es nichts, was wir nicht empfangen könnten, denn alles kommt von diesem Ort und soll auch dorthin zurückgebracht werden.

Egal, welchen Lebensbereich es betrifft, wir sind dazu berufen, dem Heiligen Geist in uns Raum zu schaffen. Dann werden wir von ihm in Offenbarungsräume geführt, um das Gehörte und Gesehene in die Tat umzusetzen. In dieser Verbindung gibt sich Gott uns selbst hin. So werden wir eins mit der Person des Vaters und seinem Wesen, das Geist ist. Dort lebt auch die «Dynamis», die Sprengkraft, die Energie Gottes, die die Grundfesten der Erde erschüttert und die Pläne des Vaters für die Welt öffnet. Sie möchte in uns Wohnung nehmen und durch uns die Schöpfung durchdringen.

Geladen von dieser Energie und erfüllt vom Heiligen Geist werden wir die Ernte in Demut und Reinheit einholen. Der Heilige Geist wird in uns sein, wie er in Gott, dem Vater, und in Jesus Christus ist. Diese Gotteskraft in uns wird die Finsternis und das Dunkel durchbrechen und Gottes Wahrheit und Energie in allem, was geschaffen ist, zu seiner Ehre freisetzen. Er ist der Geist, die Kraft aus der Tiefe Gottes, die Jesus und damit die gesamte Schöpfung aus dem Tod zum ewigen Leben auferweckt hat.[64]

---

64 Römer 8,11: «*Nun ist ja der Geist, der in euch wohnt, der Geist dessen, der Jesus von den Toten auferweckt hat. Und weil Gott Christus von den Toten auferweckt hat, wird er auch euren sterblichen Körper durch seinen Geist lebendig machen, durch den Geist, der in euch wohnt.*» / Epheser 1,19–20: «*…, und mit was für einer überwältigend grossen Kraft er unter uns, den Glaubenden, am Werk ist. Es ist dieselbe gewaltige Stärke, mit der er am Werk war, als er Christus von den Toten auferweckte und ihm in der himmlischen Welt den Ehrenplatz an seiner rechten Seite gab.*»

Wir sind dazu eingeladen, ein Bündnis mit dem ewigen Geist zu schliessen, um dem Tod und der Finsternis Menschen, Städte und Nationen zu entreissen. Uns ist eine Tür im Himmel zur Erkenntnis der Herrlichkeit Gottes geöffnet. Werden wir der Einladung Gottes folgen?

AKTIVIERUNG

Lass dich vom Geist Gottes in den Offenbarungsraum führen, in dem du hören und sehen wirst, wie du in deinem Verantwortungsbereich die Ernte Gottes einholen sollst.

Das Hervorkommen der Herrlichkeit der Stadt Gottes

Erfasst von einer Vision

«Wo es keine Vision gibt, verwildert ein Volk, aber wenn es auf Gottes Weisung hört, kann man es glücklich preisen» (Sprüche 29,18; NGÜ).

Ausgehend von den brennenden Fragen dieser Zeit und all den menschlichen Anstrengungen, die versuchen, eine Antwort auf sie zu finden, haben wir uns mit dem Herrn auf eine Reise begeben. Diese gemeinsame Reise wird ihr Ziel finden in der Stadt des lebendigen Gottes.

Abraham, der Vater unseres Glaubens, lebte uns vor, wie ein Leben, erfasst von der Ewigkeit, aussieht. Er ergriff seine göttliche Berufung und machte sich im Glauben auf um einer Stadt willen, die er im Natürlichen noch nicht sehen konnte. Er sah und erkannte die ewige Stadt, deren Baumeister Gott selbst ist, und begann diese durch seinen Gehorsam hier auf Erden zu bauen.[65] Von Generation zu Generation berief Gott Menschen

---

65 Hebräer 11,8–10 (ELB): *«Durch Glauben war Abraham, als er gerufen wurde, gehorsam, auszuziehen an den Ort, den er zum Erbteil empfangen sollte; und er zog aus, ohne zu wissen, wohin er komme. Durch Glauben siedelte er sich im Land der Verheissung an wie in einem fremden und wohnte in Zelten mit Isaak und Jakob, den Miterben derselben Verheissung; denn er erwartete die Stadt, die Grundlagen hat, deren Baumeister und Schöpfer Gott ist.»*

dazu, dieses Erbe zu ergreifen. So ruft er auch uns, in dieser Stunde aufzubrechen und die ewige Stadt zu erwarten, die auf festen Fundamenten steht und deren Gründer und Erbauer Gott selbst ist. Er ruft eine siegreiche Generation, die an dieser Wirklichkeit, die sie noch nicht sehen kann, festhält und die himmlische Realität durch ihren Gehorsam auf Erden sichtbar werden lässt – Menschen, die bereit sind, das auf Erden zu vollenden, was im Himmel schon da ist.

Ich spürte im Herzen Gottes ein tiefes Verlangen, eine Sehnsucht danach, dass solch eine Generation aufsteht, die kompromisslos diesem Ruf nachfolgt, ausgerichtet auf die vor ihr liegende Freude, und die bereit ist, alles dafür zu geben. Eine Generation, aus der das ewige Leben wie eine nicht aufzuhaltende Explosion auf der Erde freigesetzt wird.

Erfüllt mit ewiger Substanz

Wir sind dazu berufen, die Herrlichkeit Gottes in uns zu empfangen. Das Zentrum des Tempels der neuen Stadt ist in uns.[66] Die Kraft und Energie in uns ist das Wesen des Lammes. Nicht wir bauen, Gott baut durch uns. Jesus lädt uns ein, in der Einheit des Geistes mit ihm auf den Berg der höchsten Autorität zu gehen.[67] Von dort geht Weisung aus. Dort empfan-

---

66 Offenbarung 21,22: «*Einen Tempel sah ich nicht in der Stadt. Der Herr selbst, der allmächtige Gott, ist ihr Tempel, er und das Lamm.*»

67 Offenbarung 21,10–11: «*Daraufhin nahm der Geist Gottes Besitz von mir, und ich sah mich vom Engel auf den Gipfel eines sehr hohen Berges versetzt. Von dort aus zeigte er mir Jerusalem, die heilige Stadt, die von Gott aus dem Himmel herabgekommen war. Gottes Herrlichkeit erfüllte die Stadt, sodass sie wie ein überaus kostbarer Edelstein leuchtete; sie funkelte wie ein Diamant.*»

gen wir Offenbarung über die Wege und Gedanken Gottes und den Ruf, sie umzusetzen wie Jesus und Abraham. Auf diese Weise kommen Gottes Ordnungen und seine Herrlichkeit durch uns ins Sichtbare. So wird die Erde erfüllt mit der Herrlichkeit des Herrn. Ein Leib, der in Partnerschaft mit dem allmächtigen Gott und Vater geht. Mitten in einem babylonischen System, das in Unabhängigkeit von Gott lebt und gestaltet, lebt Jesus in uns, wir in ihm und mit ihm im Vater. [68] Der Turm zu Babel wurde mit Ziegeln und Lehm gebaut, mit einem irdischen Material,[69] das keinen Wert in sich selbst hat. Diese Art zu bauen, reicht bis in den zweiten Himmel, wo der Fürst dieser Welt seine Anweisungen gibt.[70] Das Material, aus dem die Stadt Gottes gebaut wird, hat hingegen Ewigkeitswert. Wir sind die lebendigen Steine, erfüllt mit ewiger Substanz. Christus in uns ist der Grundstein, der Eckstein und der Schlussstein. Wir sind die Wohnung und Herrlichkeit Gottes. Wenn wir diese Dimension bejahen, bauen wir durch unser Sein in göttlicher Weisheit die ewige Stadt. Nur, wie sieht diese Stadt aus, auf die wir zugehen? Gott begann, sie mir im Geist zu zeigen. Was ich sah, übertraf all meine eigenen Vorstellungen. Mein Gebet ist, dass – wenn wir die folgenden Zeilen lesen – unsere Augen geöffnet werden für diese ewige Realität und unser Herz beginnt zu brennen und von neuer Hoffnung erfasst wird.

---

68 Johannes 14,20: *«An jenem Tag werdet ihr erkennen, dass ich in meinem Vater bin und dass ihr in mir seid und ich in euch bin.»*

69 1. Mose 11,3 (SLT): *«Und sie sprachen zueinander: Wohlan, lasst uns Ziegel streichen und sie feuerfest brennen! Und sie verwendeten Ziegel statt Steine und Asphalt statt Mörtel.»*

70 Epheser 6,12: *«Denn unser Kampf richtet sich nicht gegen Wesen von Fleisch und Blut, sondern gegen die Mächte und Gewalten der Finsternis, die über die Erde herrschen, gegen das Heer der Geister in der unsichtbaren Welt, die hinter allem Bösen stehen.»*

Die Ordnung der neuen Stadt

Diese neue Stadt ist gebaut nach den Ordnungen Gottes, sie ist erfüllt von der Herrlichkeit des Herrn. Das Zentrum der Stadt ist das Lamm. Der Grund dieser Stadt ist Gott selbst.[71] Ihre Mauern[72] sind Heiligkeit. Nur solche, die im Buch des Lammes mit dessen Blut eingetragen sind, können sie passieren. Die Heiligkeit Gottes bewahrt, begrenzt und umgibt die Stadt. Der ewige Ratschluss Gottes für jeden Menschen ist das Fundament, das untrennbar verbunden ist mit den Säulen des Thrones. Alle Bewohner der Stadt tragen das Wesen des Lammes in sich. Die Häuser der Stadt sind die Wohnungen des Allerhöchsten.[73] Sie sind gebaut für Menschen, die dem Lamm gefolgt sind.

Ich fragte den Herrn: «Was heisst das, dem Lamme gefolgt?» Es bedeutet, dass diese Menschen der Erwählung und Berufung gefolgt sind, die der Vater der Herrlichkeit schon vor Grundlegung der Welt für sie beschlossen hat.[74] Wer Gott als Baumeister für sein Leben angenommen hat, findet hier sein ewiges Erbteil. Der Vater baut hier das Haus eines jeden Menschen, bis sein Leben vollendet ist, dann zieht er dort ein. Mit

---

71 1. Korinther 3,11 (ELB): *«Denn einen anderen Grund kann niemand legen ausser dem, der gelegt ist, welcher ist Jesus Christus.»*

72 Offenbarung 21,12 (LUT17): *«...; sie hatte eine grosse und hohe Mauer und hatte zwölf Tore und auf den Toren zwölf Engel und Namen darauf geschrieben, nämlich die Namen der zwölf Stämme der Israeliten ...»*

73 Johannes 14,2 (ELB): *«Im Hause meines Vaters sind viele Wohnungen. Wenn es nicht so wäre, würde ich euch gesagt haben: Ich gehe hin, euch eine Stätte zu bereiten?»*

74 1. Petrus 1,1–2 (ELB): *«..., die auserwählt sind nach Vorkenntnis Gottes, des Vaters, in der Heiligung des Geistes zum Gehorsam und zur Besprengung mit dem Blut Jesu Christi ...»*

jedem Lebensabschnitt, den ein von Liebe getriebener Mensch im Gehorsam geht und den Wegen Gottes in seiner Berufung folgt, schreitet der Bau voran. Dieses Haus ist das Lebenshaus eines Menschen. Dort, wo das Leben aus Gnade wieder und wieder als Weizenkorn in die Erde gegeben wird, wird in der Ewigkeit Baumaterial freigesetzt. So sind die himmlischen Wohnungen nicht aus Mörtel gebaut, sondern aus den Lebensabschnitten, in denen Gott sich verherrlichen konnte. Gehorsam ist das Material, aus denen sie gebaut sind. Auch wenn ein jeder Bewohner ein eigenes Haus hat, wohnt er doch nicht allein. Es sind Häuser des gemeinsamen Lebens. Nur wer dem Lamm gefolgt ist, gehört zu dieser Gemeinschaft. Deshalb haben die Häuser auch kein Licht. Die Bewohner der Häuser tragen den Abglanz der Herrlichkeit des Lammes in sich und erfüllen so die Häuser mit Licht.

Darüber hinaus gibt es grosse, herrliche Gebäude, die voll farbenfrohen Lebens sind. Konzertsäle, Chöre, Kunst, Tanz, Gesang, so viel Schönheit und Kreativität füllen die Stadt mit Aktivität – alles zur Freude und Ehre Gottes. Auf den Bewohnern leuchtet das Angesicht Gottes, des Vaters, sie sind personifizierte Freude.[75] Seine zur Vollendung gekommene Herrlichkeit strahlt aus in ihnen hervor. All die Erwählungen, die sie auf Erden lebten, werden hier in grosser Herrlichkeit vollendet gelebt.[76]

---

75 Psalm 34,6 (LUT17): «*Die auf den HERRN sehen, werden strahlen vor Freude.*»

76 Sprüche 4,18: «*Aber der Pfad der Gerechten ist wie das glänzende Morgenlicht, ...*»

Die Aufgabe unserer Generation

Das ist unser Ziel, auf das wir zugehen: die neue Stadt, die vollendete Schönheit von Jesus, hier auf der Erde.[77] Wir stehen ganz am Anfang dieser Erfüllung, sie auf Erden zu bauen. In diesem Sinne ist das Ende dieses Buches ein Startschuss in unsere gemeinsame göttliche Erwählung und Zukunft. Wir werden die Generation sein, die aufsteht, um Jesus den Weg zu bereiten, und ihn sichtbar werden lässt. Wir werden den Nöten und Fragen dieser Welt nicht mit Forderungen und Propaganda begegnen, sondern mit echten Lösungen, die Ewigkeitswert haben.

Durch das vollkommene Opfer von Jesus haben wir Zugang zu dem, der alles weiss und Autor der Heilsgeschichte ist. Wenn so jeder von uns seinen von Gott gegebenen Platz einnimmt, kommen wir nicht unter ein schweres Joch. Vielmehr leben wir in der Gewissheit, dass der, der uns ruft, alles hat, was wir brauchen.[78] Wir sind erfüllt von dem Geist, der alle Finsternis bereits überwunden hat. Durch ihn sind wir eine Gene-

---

77 2. Korinther 6,16b: «*Denn Gott hat gesagt: ‹Ich will in ihrer Mitte wohnen und bei ihnen ein und ausgehen; ich will ihr Gott sein, und sie sollen mein Volk sein.›*»

78 Epheser 1,3: «*Gepriesen sei Gott, der Vater unseres Herrn Jesus Christus! Gepriesen sei er für die Fülle des geistlichen Segens, an der wir in der himmlischen Welt durch Christus Anteil bekommen haben.*»

ration von «Mehr-als-Überwindern»,[79] die erfasst von seiner Auferstehungskraft, voller Freude und Leichtigkeit, mitten in einer Welt, die auf menschliche Weisheit baut, ewige Weisheiten empfängt und austeilt.

Jesus hat sich dafür entschieden, dass wir das Gefäss sind, durch das er die Erde transformieren möchte. Wir sind das Licht der Welt,[80] wir sollen leuchten und alles mit dem Licht seiner Gegenwart durchdringen. Der Himmel und die Schöpfung warten sehnsüchtig darauf, dass du und ich aufstehen und unsere Verantwortung, erfüllt von ewiger Hoffnung und Glauben, ergreifen.

Während die Gesellschaft immer und immer wieder an dem Menschenmöglichen und dem Mangel von Offenbarung scheitert, stellen wir uns gemeinsam der Verantwortung, dass die Herrlichkeit Gottes in die ganze Schöpfung hereinbricht.

Ich bin mir bewusst, dass wir diesen Weg, der vor uns liegt, nicht allein bestreiten können. In Maleachi wird uns dies bereits als verheissen beschrieben,[81] und so wird es auch geschehen: Die Herzen der Väter und Mütter werden sich den Söhnen und Töchtern zuwenden, und der Bann

---

79 Römer 8,37 (ELB): *«Aber in diesem allen sind wir mehr als Überwinder durch den, der uns geliebt hat.»*

80 Matthäus 5,14–16: *«Ihr seid das Licht der Welt. Eine Stadt, die auf einem Berg liegt, kann nicht verborgen bleiben. Auch zündet niemand eine Lampe an und stellt sie dann unter ein Gefäss. Im Gegenteil: Man stellt sie auf den Lampenständer, damit sie allen im Haus Licht gibt. So soll auch euer Licht vor den Menschen leuchten: Sie sollen eure guten Werke sehen und euren Vater im Himmel preisen.»*

81 Maleachi 3,23–24 (NeÜ): *«Gebt Acht! Bevor der grosse und schreckliche Tag Jahwes kommt, sende ich euch den Propheten Elija. Er wird das Herz der Väter den Söhnen zuwenden und das Herz der Söhne den Vätern. Er wird sie miteinander versöhnen, damit ich nicht den Bann am Land vollstrecken muss, wenn ich komme.»*

der Finsternis über den Nationen wird durchbrochen werden. Dieses Buch ist bereits ein prophetisches Zeichen dieser Verheissung. Ohne die gemeinsame Hingabe dreier Generationen würde es das Buch in dieser Form nicht geben. Als Jesus mich rief, ihm in Israel zu begegnen, um Offenbarung über die Inhalte eines Buches zu empfangen, stellte er mich zusammen mit meiner Tochter und Enkeltochter. Die Geheimnisse, die der Geist Gottes mir in diesen Wochen offenbarte, konnte ich immer wieder im Austausch und im Gebet mit meiner Tochter Sybille bewegen und prüfen.

Später kam meine Enkeltochter Maryam dazu, die die Offenbarungen niederschrieb und formulierte. Mein Enkelsohn gestaltete den Einband. Wir (Olga, Sybille, Maryam und Joe) haben erkannt, dass wir Gottes Pläne für diese Zeit nur gemeinsam als Generationen empfangen und umsetzen können. Wir haben erkannt, dass die ganze Erde der Weinberg Gottes ist. Und er sucht uns, diesen nach seinen Plänen der Liebe und Weisheit zu bebauen, sodass er blüht und ewige Frucht hervorbringt.

Der gemeinsame Weg der Generationen

Olga Dammer

Zuletzt möchte ich, Olga, noch kurz etwas zu mir selbst sagen und ein paar Stationen von meinem Werdegang teilen. Im Jahr 1995 haben mein Mann Dieter und ich das Jeremia-Werk e.V. gegründet. Der Weg dahin ging über mehrere Abschnitte. Nachdem unsere Familie nach Jahren in der Mission in Indien zurückkehrte, arbeitete ich zunächst als Gemeindebeauftragte für die Family-Life-Mission in Deutschland. Der Schwerpunkt meines Dienstes dabei war, dem Heiligen Geist einen Weg für die Wiederherstellung der Persönlichkeit in den Gemeinden zu bahnen.

Später lernten wir Walter und Ingrid Tropisch kennen, die uns die Staffel für Ehearbeit im deutschsprachigen Raum weitergaben. In der Folge führten mein Mann und ich in Deutschland, Österreich und in der Schweiz Eheseminare durch. Bis dahin hatten wir kein eigenes Seminarhaus, sondern waren im Reisedienst unterwegs. Im Jahr 1999 vertraute uns der Herr dann für unseren Dienst ein Haus in Hügelshart bei Friedberg an. Nach dem plötzlichen Tod meines Mannes im Jahr 2001 führte ich den Dienst alleine weiter.

Die Wiederherstellung der Persönlichkeit und die Wiederherstellung von Ehen waren und sind weiterhin ein Teil des Dienstes, der mittlerweile von bewährten Mitarbeitern getragen wird. Meine eigenen Schwerpunkte im Dienst haben sich über die Jahre darüber hinaus weiterentwickelt. Von der Wiederherstellung in Einzelnen führte mich der Herr in eine apostolische Weite, in der vor allem der Zustand und der Ruf der Braut in den grossen heilsgeschichtlichen Zusammenhängen im Vordergrund steht. Jesus hat mich gerufen, die Fundamente für eine reife Ekklesia zu legen und zu überprüfen. Das Fundament ist Christus selbst. So soll der Leib in allem in die Abhängigkeit von Gott geführt werden und beginnen, aus der Torheit des Kreuzes zu leben. Auf dieser Grundlage muss die Gemeinde ausserdem lernen, in göttliche Offenbarungsräume zu kommen, um Gottes Ratschlüsse für diese Zeit zu erkennen und zu tun.

Was der Herr mir selbst in den Offenbarungsräumen zeigt, setze ich unter anderem seit Jahren mit einem Team in strategischen Gebetseinsetzen in den Nationen um, um die weltweite Ernte und das Wiederkommen des Herrn vorzubereiten. Gleichzeitig trainiere ich aber auch andere, selbst in Offenbarungsräume zu kommen, damit sie in ihren Verantwortungsbereichen in Kirche und Gesellschaft dem Herrn den Weg bereiten können. Dies tue ich im Rahmen von Schulungsseminaren und apostolischem Coaching für Einzelne und Gruppen.

Über die letzten Jahre ist ausserdem eine Wohn-, Lebens- und Dienstgemeinschaft von drei Generationen entstanden, die einen tragenden Hintergrund für das Jeremia-Werk bildet.

Sybille Kurowski

Seit 2004 arbeite ich, Sybille, jetzt mit meiner Mutter im geistlichen Dienst zusammen. Auch wenn ich ihre Tochter bin, war es für mich ein ganz eigener Weg, mein geistliches Erbe anzunehmen und dann auch mein eigenes Profil darin zu finden und zu entwickeln. Bis dahin habe ich sehr wohl Freundschaft mit dem Heiligen Geist gelebt und ein geistlich geschärftes Wahrnehmungsvermögen entwickelt. Zu den Offenbarungsräumen des Himmels hatte ich allerdings noch keinen Zugang. Als Erstes durfte ich lernen, dass wir in allem immer abhängig von Gott und von der Führung seines Heiligen Geistes sind. Für mich hiess das zu lernen, mein natürliches Einschätzungsvermögen und meine eigene Weisheit bewusst unter die Herrschaft Gottes zu geben, damit ich Weisheit aus Gott empfangen und dann im Gehorsam handeln kann.

Anfangs habe ich oft nichts im Geist gesehen oder gehört. Da ich ja wachsen wollte, habe ich Gott gefragt, wie ich damit umgehen soll. Er erklärte mir, dass der Geist Gottes in mir lebt und dass er mir ein Zeugnis im Geist darüber geben kann, ob Offenbarungen aus dem Geist Gottes kommen und ob das Empfangene dem entspricht, was er tun möchte. Für mich bedeutete das dann erst einmal, darum zu beten, dass Gott mir dieses Zeugnis in meinem Geist schenkt, wenn meine Mutter eine Offenbarung geteilt hatte.

Ich habe sehr schnell gemerkt, dass es dem Heiligen Geist Freude macht, mir das zu schenken. Da ich schliesslich selbst einen Zugang zu dieser Offenbarung hatte, habe ich mich damit im Glauben eins gemacht und geglaubt, dass Gott tun wird, was er versprochen hat. Auf diese Weise wurde ich Teil dessen, was Gott in unserem Dienst tut, und habe es auf diesem Weg auch immer mehr zu meinem eigenen geistlichen Auftrag werden lassen.

Im Laufe der Zeit ist mein Unterscheidungsvermögen immer mehr gewachsen. Das geschah auf zweierlei Wegen. Zum einen hat der Geist Gottes in mir selbst viel geschieden. Er hat mir gezeigt, wo ich noch unter dem Geist der Welt beurteilt habe und wie das meinen Geist verdunkelt. Es ging zunächst um eine Reinigung meiner Gedanken, meiner Gefühle und Erfahrungen. Zum anderen habe ich immer mehr Mut bekommen, zu teilen, was Gott mir gezeigt hat. Das war ein weiterer Weg der Reinigung, denn nicht alles, von dem ich dachte, dass es aus Gott kam, hat sich auch bestätigt. Hier war ich angewiesen auf Korrektur, Ergänzung und natürlich immer wieder auch Ermutigung.

Die Art und Weise, wie Gott mit mir über Dinge gesprochen oder sie mir gezeigt hat, war völlig anders als bei meiner Mutter. Anfangs habe ich gedacht, dass mir eben etwas Entscheidendes fehlt. Aber auch hier hat der Heilige Geist mir geholfen, es zu verstehen. Jeder von uns hat einen eigenen Zugang zu Gott. Das, was wir bei ihm sehen und wie er sich uns zeigt, hat sehr viel mit dem zu tun, wer wir in ihm sind. Im Anschauen seines Bildes werden wir verwandelt. Das hat in mir zu einer tiefen Versöhnung mit mir selbst geführt. Gott hat mich und jeden von uns wunderbar gemacht. Wenn wir anfangen uns daran zu freuen und diese Vielfalt zu teilen, kann sich Gott in seiner Schönheit unter uns entfalten. Dann wird sich auch der Frieden Gottes immer mehr ausbreiten, da jedes Vergleichen aufhört.

Maryam Kurowski

Ich sehe es als ein wahnsinniges Privileg an, als dritte Generation das geistliche Erbe Gottes ergreifen zu dürfen. Wofür meine Grossmutter gekämpft und gestanden ist, und was meine Mutter ebenso für sich ergriffen hat, ist für mich im Heranwachsen in meiner Berufung ziemlich früh eine Selbstverständlichkeit gewesen. Als Gott mich 2015 nach zwei Jahren in der Mission aus Neuseeland nach Deutschland rief, stellte er mich in den Dienst zusammen mit meiner Familie.

Ich erinnere mich noch genau an unser erstes gemeinsames Leitungsteamtreffen für die Jahresplanung. Da sitze ich zusammen mit meiner Grossmutter, die über ein halbes Jahrhundert an Diensterfahrung hinter sich hat und zu uns sagt: «Wir müssen heute alles loslassen. Alles, was wir kennen und wissen, was uns wichtig ist, legen wir nieder, damit wir jetzt im Hier und Heute den Willen Gottes erkennen können. Lasst uns zusammen vor den Thron Gottes gehen und hören, was er für das nächste Jahr vorbereitet hat.»

Der Standard war gesetzt. Wir leben und dienen aus der Unmittelbarkeit zu Jesus. Wir sind als Erben Gottes Verwalter seiner Geheimnisse. Was er uns anvertraut, müssen wir immer und immer wieder vor seinem Thron ablegen, um dann aus den Offenbarungsräumen des Himmels das Manna für heute zu empfangen. Mein Eintreten in Verantwortung vor Menschen und Gott kam also ziemlich früh schon Hand in Hand mit dem Eintreten in die Offenbarungsräume Gottes. Mir waren die Räume des Himmels von Kindheit aus bekannt, aber diese Selbstverständlichkeit, von dort zu leben und ausschliesslich von dort Weisung zu empfangen, war etwas, in das ich hineinwachsen durfte. Es war für mich neu, dass die himmlischen Orte nicht nur Orte der Begegnung mit Jesus und der Anbetung waren, sondern eben auch Orte, an denen wir Einblicke in die Ratschlüsse Gottes bekommen.

Ich war überrascht, wie leicht wir Zugang dazu haben und mit was für einer Klarheit Gott dort zu uns spricht. Viele scheinbar endlose Besprechungen kommen schnell zu einem Schluss in dem Moment, an dem wir innehalten und gemeinsam in die Offenbarungsräume Gottes treten und von ihm hören. Es ist eben ein Ort, der uns allen zugänglich ist und an dem wir auch gemeinschaftlich hören und empfangen dürfen, was der Vater zu uns sprechen möchte.

Anfangs war es manchmal nur eine Ahnung oder ein Hauch von einem Eindruck, den Gott mir gab, aber indem ich begann, in Gemeinschaft zu teilen, was ich sah, durfte ich erleben, wie Gott zu uns gemeinsam spricht. Ich möchte jeden ermutigen, kühn der Einladung Gottes zu folgen und die Offenbarungsräume des Himmels zu entdecken. Wie ein geistlicher Muskel, der, je mehr wir ihn nutzen, gestärkt wird, ist es auch damit. Gott wartet nur sehnsüchtig darauf, dass wir den Himmel bestürmen, um die Pläne des Himmels für diese Zeit zu empfangen und durch unser Leben in Existenz zu bringen. Das ist nichts Exklusives, wie Mose es erlebte, als er auf dem Berg die Zehn Gebote empfing. Das ist dein und mein Erbe, das wir ergreifen dürfen.

Mich hat es selbst immer wieder herausgefordert, nicht auf der Grundlage meiner Erfahrungen und schon bestehenden Offenbarungen zu handeln. Aber wenn man einmal geschmeckt und gesehen hat, welche Räume und Möglichkeiten Gott uns als unser Erbe anvertraut hat, möchte man nicht mehr zurück.

Am Ende wird nur das, was wir aus der Ewigkeit empfangen, den Erschütterungen standhalten und nachhaltige Transformation auf der Erde hervorbringen.

Abschlussgebet

Danke Vater, dass du mich zur Sohnschaft erwählt hast. Durch das vollkommene Opfer von Jesus hast du mir freien Zugang zu den Offenbarungsräumen im Himmel geöffnet. Der Geist deines Sohnes, mit dem du mein Herz erfüllt hast, leitet mich. Im Namen von Jesus nehme ich mein Erbe an, das du für mein Leben bereitet hast. Ich danke dir, Vater, dass du mir deine verborgenen Wege und Gedanken offenbaren wirst. Deine Liebe und deine Ratschlüsse sind vollkommen. Nimm mein ganzes Sein und mache es zum Lobpreis deiner Herrlichkeit.

Nachwort

Der Inhalt dieses Buches ist weder erlernt noch übernommen. Es ist ein kleiner Ausschnitt von meinem Leben mit Gott – geboren aus vielen Sterbeprozessen in der Auslieferung meines ganzen Menschen an Gott. Es ist und bleibt Stückwerk. Mein Gebet ist, dass sich darin eine Tür zu der Herrlichkeit und der vollkommenen Liebe Gottes öffnet.

Ich persönlich glaube, dass die Zukunft der Ekklesia nicht in ihrer äusseren Selbstdarstellung liegt. Sie wird aus diesen Lichthäusern des gemeinsamen Lebens bestehen. In ihnen wohnen und leben Menschen, in denen das ewige Wort Gottes, Jesus Christus, Fleisch geworden ist – Jesus Christus in uns und wir in ihm. Diese Häuser werden zu Zufluchtsorten für Menschen, die Orientierung suchen. Jesus selbst wird sie zum Vater führen. Der Heilige Geist überführt zur Wahrheit und macht frei für eine ewige Zukunft.

Das Wesen der Ekklesia kommt ins Sichtbare. Das Zentrum ist die Gegenwart des lebendigen Gottes.